學習【姓名學】的第1本書

報社命理專欄作家
大學易學社指導老師
陳哲毅◎著

推薦序(一)

【從神界看陳哲毅姓名學】

中華民國九十一年農曆五月二十四日夜九點

基隆普化警善堂開基正主席文衡聖帝降筆

詩曰：陳生花雕醇郁香　哲翰魁星映斗光

　　　毅恆才華非俗輩　名揚五術遍瀛東

詩曰：陳生博學翰墨香　哲精圖書妙無窮

　　　毅靈上品星輝耀　獨占牛耳滿堂紅

又詩曰：一化天數定玄機　二指迷津妙又奇

　　　　三光運數何人識　方知哲毅水逢魚

又示：一化天數何等天機，妙藏五行河洛易數；二點陰陽妙引眾生生成妙數；三引參天兩地內綜天機大數；行五運，以天人地，妙藏神數，演化玄機，立天之妙，引人之格，化地之品，取天數為主，立地數為本，中輔人格，引出天地歲運之大數。以姓為局，以名為格，知地為品，以一化再化三化，化奇化偶，化天化地，妙化玄學天機。

知其無形化為無數樹之法，取人分陰陽天地三才之互定，妙究天地乾坤山澤雷風，水火之互變，再釋天地之妙數，哲毅才華上乘，哲毅才學上品，哲毅先天妙奇，一切盡在不言中！

中國道教靈寶法師協會理事長**盧崑永**　謹序

中華民國歲次壬午年仲冬於彰化花壇靈寶門

推薦序（二）

一個歷史悠久而且文明卓越的民族，必然有其獨特之處，才能屹立不搖、長存於天地之間，其中最重要的該是蘊藏於該民族內部的各種智慧結晶——如人文科學、傳統道德、超越潮流的科學研究創新等等，置身世界東隅的中華民族智慧中，值得提出來讓世人正視的，該是長久以來對大自然種種現象的觀察及演繹，其中又以舉世皆知的易經最是膾炙人口，這種對週遭現象的解釋，源自於陰陽互動及金、木、水、火、土五行應用的哲學，經有心人士加以統計分析，觀察驗證，再加上薪火相傳各種實例及經驗，也以各種角度呈現出成果，分門別類來談，就是所謂山、醫、命、卜、相。

好友陳哲毅兄，現任中國擇日師協學會理事長，欽導會務表現傑出，在傳統中華文化採活日源，已有相當的心得，之前以姓名學的獨到見解裝輯成冊問世，造成洛陽紙貴之轟動，拜讀者莫不讚嘆立論精闢，直指迷津。

現哲毅兄更深感目前社會上許多人貪婪近利，埋首追求財富，卻忘了天地廣闊，除了金錢外，找到生命方向才是切身要題，有了方向自然不會茫然失措，浮沈人間甚至於造成許多本可閃避的不幸及損失，針對此理念，乃毅然將另外一方面的心得——占卦學披露問世，以期自另一角度來協助有緣朋友能較輕鬆的面對週遭挑戰，筆者身為陳哲毅理事長的摯友，在慶幸其大作出版之日，特為之序是幸。

第五屆中華民國地理師協會理事長　**鄒明揚**

中華民國歲次壬午年仲秋於明暘軒

推薦序(二)

在即將邁入廿一世紀的今天，科學日益昌明，不斷地打破種種生活空間的迷團，成績顯著，因此人類好奇心，更加濃厚，愈神秘之處，愈有人喜歡加以探討。通常，某些事物在還沒有以事實來證明它的正確性以前，人們內心常對它有著懷疑，而引起種種論說，一旦有事實來證明時，人們才對它產生信念，因而蔚成風氣。

摯友哲毅兄是一位謙和處世但治學嚴謹的學者，現任中國擇日師協會理事長，不久前才將其有關姓名學之著作貢獻給社會大眾。

其內容之獨到見解，已震撼海內外各界，熱心公益的陳理事長現在更把鑽研數十年之比較式姓名學方面心得毫不保留的披露，其用心之深相信有緣之社會大眾，除了得自先前之姓名學理論之助，再加上比較式姓名學之錦上添花，相信受用之程度不可言喻，許多人因哲毅兄的剖析而茅塞頓開，因而家庭和樂，事業順利，理財平順，人際圓滿，亦是哲毅兄之心願。

今陳理事長大著付梓之際，深深感佩其用心立意之誠摯，實感讚嘆，特為之序。

中國堪輿推展協會理事長**林進來**

推薦序(四)

陳哲毅先生精研姓名學，積十餘年之經驗與領悟、造詣高深、學識豐富、卓然有名家風範、名聞海內外、人皆欽崇。並將其歷年之經驗與實證，編著成冊，圖文並茂。曾經出版過第一冊陳哲毅談新觀念姓名學，第二冊陳哲毅直斷式姓名學頗受歡迎。最近續編第三冊、第四冊即將問世。

以姓名可斷其終身命運、精闢解說、人手一冊詳加研讀、益窺堂奧、舉凡姓名之吉凶、無不瞭若指掌。藉此諸書，趨吉避凶，納福迎祥、裨益國人、善莫大焉。值名著應世、謹撰數語、用嘉其志，藉申欽景。

易學家**吳明修**謹序　民國壬午年孟春

傳統姓名學V.S.陳哲毅姓名學

仲富有限公司總經理　江仲堂

板橋的林老先生，世代單傳。唯一的兒子娶媳婦，生了個寶貝孫子，焉能不大大宴請親朋好友。林老先生並在筵席中親自為其孫子取名叫「林志軒」。林老先生閒暇之餘喜愛研讀和命理相關之書籍，取名林志軒，除了取其筆畫數為吉數緣故外，又以該名字之人格、地格、外格和總格皆為大吉大利之格局。能為其孫子帶來名利雙收的一生，並為林家光耀門庭。

林志軒喝的是市售最貴最好的奶粉，吃的也是珍奇的秘方副食品，在對他的生活照顧上更不遑多論。然而他的身體健康狀況卻反不如一般普通家庭的孩子。不但長得乾乾瘦瘦的，有病看醫生時，別家小孩是一次就藥到病除，林志軒就得跑好幾趟，平時不愛與同齡的小孩玩在一塊。看他常常一個人孤伶伶地待在一旁，實在是教林老先生於心不忍。

於是林老先生又開始從命理書籍中找尋答案。若言八字不好，已屬天定，非人所能強加以改變。若是名字取壞了，那該怎麼辦？林老先生再三思索這個問題，也不斷重複計算當初他為孫子取名的筆畫數及其格局，唯恐當初是弄錯了。在不得其解下，林老先生請了一個姓名學大師給他改了一個新名字——林彥兆，毫無疑問地，在這位大師的解說及再三保證下，這個新名字絕對比原來林志軒好很多。

改了新名字的林彥兆，也隨著讀國中進入所謂的叛逆期。未料林彥兆變得更無耐性，對父母說話的態度愈形粗魯。師長或長輩的交待，表面敷衍、內心卻我行我素。功課一落千丈。更糟的是，林彥兆的身體健康狀況反較更名前更不好。生活沒有規律，常常摔碰得頭破血流。短短一年之間，林志軒變成了林彥兆，也變成了一個完全不同的人。

林老先生至此開始自怨自艾，他對姓名學產生了迷惑。在一個偶然的機會，林老先生在夜間一個收音機頻道上，轉到某個節目主持人正在訪問一位也是在姓名學領域有研究的陳哲毅老師。

林老先生真不敢相信竟然有人敢在電台公開推翻國人沿用數十年舊有姓名學理論，並接受聽眾的公開驗證。他不自主地出現在陳哲毅老師辦公室，劈頭就將前述的故事向陳老師述說了一遍。

陳哲毅老師說，依據傳統姓名學的理論，林志軒和林彥兆這兩個名字，無論從其人格、地格、外格或總格之筆畫數來看皆屬吉數，不是福壽拱照就是剛柔兼備；不是旭日東昇之勢，就是資性英敏、剛毅。再者，取名字會參考小孩的生肖而舉出何者為宜用、何者為不適宜之字。如果林志軒生肖屬牛，「軒」字乃肖牛宜用字，有受到他人肯定、有擔當的意義。林彥兆的「兆」字，與肖牛者有三合一的互助作用等等。結果這兩個名字，卻因格局生剋的矛盾產生了如上述的個性和行為。如林志軒的人格剋天格、人格生地格。林彥兆的人格生天格、地格剋天格，有單陽、陰陽不協調等缺失。

在林老先生不惜再次為其孫子更名的要求下，陳哲毅老師選了「林修楠」這個新名交給林老先生，不管當作偏名或正式改了新名，只要常用它、叫它，一段時間後，陳老師請林老先生為自己的孫子作一個最真實的見證。他說他得回去好好研究一番，為什麼人格生天格、地格剋人格、外格剋人格，地格生外格、天格剋地格、天格剋外格、總格生外格、總格生地格、人格剋總格、天格生總格等生剋關係，可以踢翻傳統的一籃子吉數、凶數。莫非真的姓名兩、三字，好壞一輩子。

顛覆傳統姓名學的新發現

風水雜誌總編輯 顏兆鴻

論命必須知道對方生辰八字；看相要觀察對方的五官外貌氣色；唯獨姓名學，只從名片上的兩個字（單名）到四個字（複姓），馬上就能算出對方的吉凶禍福，而且不需要藉助複雜的排盤或公式運算，可謂既實用又簡單。

正因為簡單易學，即使門外漢也都能依樣畫葫蘆，自我摸索而掌握命名要訣，以至命理界總是將「姓名學」擺在附屬、陪襯地位。

國內的姓名學，起源於民國十七年的日本熊崎健翁氏，依據我國先賢蔡九峰的皇極八十一數洛書原理而定出八十一畫的吉凶模式，坊間姓名學的理論架構，大體上皆不脫離這個範圍；「逢四必凶」也成了熊崎氏姓名學的鐵律，任何人命名都會避免觸其禁忌。

中國擇日師協會理事長陳哲毅卻甘冒天下之大不諱，質疑熊崎氏理論的正確性，並以國內成功名人為證據，推翻「逢四必凶」的「緊箍咒」，他融合中國五術裡的易卦、八字、陰陽、五行生剋、天運等理論，歷經多年的實務觀察研判，發展出一套有別於傳統論法的「直斷式姓名學」。

我們稱依自然界原理原則而創設新定律新事物者為發明家；稱推動政治上、社會上之急進根本之變革者為革命家。在姓名學領域裡，陳哲毅堪稱為傳統姓名學的革命家，也是直斷式姓名學的發明家，更難能可貴的是，陳哲毅已將直斷式姓名學溶入他整個生命裡，亦精通八字、易卦，卻不想以八字、易卦學者自居，因為他認為唯有這樣，才能讓姓名學在命理殿堂裡擁有一席之地；他的演算和統計歸納功夫更達爐火純青地步，常能觀其名而知其行運個性；筆者有幸，長期與陳老師面對面訪談，深為折服他在這方面所下的紮實功夫。

陳哲毅直斷式姓名學，勢將在姓名學裡掀起一股研究新潮流，希望你不僅是個見證者，也是個研究者，讓我們一起窺探這個神奇姓名領域的新堂奧。

改運先從更名起

大成報 顏國民專訪

通常男女青年初次見面、或想追求某人，總不好意思問對方生辰八字，如果只從對方姓名就能知道追不追得上，或和你「適不適當」，可不省事多了？

一般人論斷姓名好壞，不外乎利用八十一畫吉凶，最多再搭配五行生剋。但相生為吉或相剋為凶就不知其所以然了，以致灰心之餘捨姓名學而就八字，紫微斗數，占星或卜卦。

國內最常見的命名方式為日本熊崎式姓名學，熊崎式姓名學是民國十七年，由日本知名易學家熊崎健翁氏，根據我國先賢蔡九峰的皇極八十一名數原圖而定出八十一數之吉凶，加入三才「天地人」取格，復用八卦中的「震巽艮兑」四卦卦爻為陰陽配置，再配置以三才數理「木火土金水」五行，復以八字用神取音靈五行而成。

「逢四必凶」幾乎已成熊崎式姓名學的鐵律。總格若出現三十四畫、四十四畫者，多被歸入「最好改名」行列。中國河洛理數學會理事長陳哲毅鑽研姓名學二十年，卻不做如是觀，他隨興舉出有卅四畫大凶數的名人就有李登輝、宋楚瑜、李遠哲、俞國華、蔣仲苓、夏鑄九、吳英璋、李鐘桂、劉安祺、羅友倫等數十人，四十四畫有劉松藩、劉德華等人也赫然在列，他們為何反而飛黃騰達，成為舉國知名人物，可見熊崎式姓名學有太多無法自圓其說的盲點。

陳哲毅老師當初也是迷上熊崎式姓名學。後來遇上瓶頸，他卻不願像一般人一樣輕言放棄，反而不信邪想研究出個所以然來，十一年前他慕名拜訪南港地區一位卜卦姓名學老師李老師。李老師因論斷他的姓名極準，陳哲毅敬佩萬分，向李典鴻學了一年。可能是因為李老師取卦不重包裝，用筆畫數乘餘決定卦象，也無生剋制化之道，陳哲毅頗覺不足，返回老家彰化，就教於卜卦名師陳老師，終於悟通卦理、六親、父母、官鬼、妻財、兄弟間的對應關係，先後拜過八位卜卦、八字名師，仍堅持主攻姓名，其他學問只納入他解說姓名學原理的補助內容。

「我剋為妻財，剋我為官鬼，我生為子孫，生我為父母，同我為兄弟。」這是卜卦上的生剋原理，到了陳哲毅手中，他都賦予它們全新的意義，而在天格（姓字加一）、人格（姓字加第一個名字）、地格（第一、二個名字相加）、外格（最後一個名字加一）、總格（三字筆畫總和）之中，以人格當命格，發展自五格十二宮的交界作用關係。

以男女擇偶為例，誰是妳的最佳拍檔，從五格生剋中即可得知。木生火、火生土、土生金、金生水、水生木、木剋土、土剋水、水剋火、火剋金、金剋木。數字一、二為木，三、四為火，五、六為土，七、八為金、九、〇為水。同筆畫為比和，同屬性筆畫差一，如廿一與十二皆屬木，仍為一生二，以小數生大數。

地格剋人格者的戀愛對象為地格生人格、人格剋地格或人地比和者。

人格剋地格者，應找地格剋人格、人格生地格者為對象。

人格生地格者，應找地格生人格、人格剋地格或人地比和者為對象。

地格生人格者則分男女不同，男生應找人格剋地格或人格生地格者；女性應找人格剋地格或地格剋人格者為對象。

人地比和者，應找地格生人格或人格剋地格者為對象。

你（妳）適合媒妁之言或自由戀愛？從地格中也可看得出來。地格剋人格或人格生地格者適合媒妁之言；地格生人格、人格剋地格或人地比和者則適合自由戀愛。

公司行號招考新進人員，想知道誰適合內勤或外務工作，也可從地格生剋中看得出來。地格生人格、人格剋地格或人地比和者適合外務工作，能言善道；地格剋人格或人格生地格者則適合內勤工作，老實可靠。

天地人外同陰陽都男女反性，即易有同性戀傾向，陳哲毅接過類似案例，他把對方名字稍作更改，半年後就交了異性朋友。

「名字改過之後要拿來用，並且讓人養成習慣呼喚你，或者寫自己的姓名。確實做到這一點，半年之內就會見效。」陳哲毅說。

許多人原本很不諒解陳哲毅老師動輒要人改名。陳哲毅無奈地說：「沒辦法，你們當初取的名字是從哪裡來的。如果當初的根據是錯誤的，到底要不要改呢？」

事實證明改過名字的人猶如脫胎換骨，口耳相傳之下有一天連改三十個名字的紀錄。

民國七十九年，陳哲毅帶藝拜師，向中國河洛數理易經學會理事長吳明修學習八字、卜卦及風水地理，吳明修鼓勵他在學會開課，陳哲毅在台北、桃園、台中、嘉義、高雄分會各開一堂姓名推命學，反應出奇的好。坊間有人號稱一週速成的姓名學，陳哲毅的姓名學初級班、中級班、高級班各要三個月。之後還有「小班」，學費從一萬二到數十萬元，但還是有很多人找他學，因為陳哲毅幫他們解決了長達數十年的姓名學的困惑，替姓名學找到了一個可長可久的研究方向。吳明修連任兩屆河洛理數學會理事長及中國擇日師協會之後，眾人公推陳哲毅繼任兩個協會理事長，陳哲毅自感責任重大，但他很高興這門學問終能獲得業界肯定，發揮經世致用的功效。

中國姓名學從蔡九峰到熊崎健翁，到陳哲毅手中有了全新的突破。陳哲毅已著手準備將這套理論文字整理出來，希望不久的將來，我們即可分享到這份成果和喜悅。

推翻熊崎式創新姓名學

摘錄自時報周刊九二七期（八十六年三月二日）

姓名學近來相當熱門，許多有線電視頻道，紛紛開闢有關姓名學的節目，觀眾 call in 的反應相當熱烈。國內傳統的姓名理論，大體是以日本熊崎式姓名學為主，講究筆畫與五格的生剋之道。河洛理數易經學會理專長陳哲毅歷經多年的經驗後，自己研發了一套姓名學理論，因為與傳統的姓名學大不相同，也引發了姓名學派中，傳統派與革新派的一場論戰。

陳哲毅自創新理論的原因，在於傳統以筆畫數論吉凶，逢四必凶幾乎是鐵律，可是現今政經名人諸如：李登輝、宋楚瑜都是三十四畫，連蔣中正、鄧小平的筆畫數，在熊崎式的理論中，都屬凶數。再者傳統理論相生不能相剋，可是國內鉅子姓名相剋的大有人在，讓他覺得傳統理論有其盲點，以致姓名學在命理界中，未能受到重視，而苦思改進之道。

陳哲毅幾經研究之後，推翻了傳統以筆畫論吉凶的說法，更認為相剋不見得不好，在乎運用巧妙，此外更將生辰八字五形五格納入其中，衍生出一套與傳統熊崎式大為不同的理論，引起命理界相當的震憾。

點新難免會有壓力，陳哲毅倒是相當有信心，他還以三個人物的姓名與境遇，來印證自己的理論。鄧小平生前有鄧先聖、鄧希賢、鄧小平三個名字，在二月二十七日於台中中友百貨舉行的命理展中，陳哲毅準備以姓名學的觀點，來印證鄧小平的名字，與一生運勢的關連，證明多年的研究心得，禁得起考驗。

自序

哲毅研習易經五術數十載，多年來，承蒙各位同道砥礪教誨與提攜，使哲毅而任中國河洛理數易經學會第三、四屆理事長，及中國擇日師協會理事長，著有姓名五術數書六十餘冊，並擔任大成報、自立晚報、風水雜誌社專欄作者，①淡江大學、②華梵大學、③萬能技術學院易學社指導老師及多家新聞廣播講座，惟哲毅從不以此自滿，亦不躊躇，仍本身在五術、終生五術人的敬謹心，謙恭自省，尊師敬老，而贏得各位同道支持與愛護，哲毅實銘感五內。

自二十歲起，我在因緣際會下接觸了姓名學，並向數位老師學習，後仍覺得不足，在五術大師吳明修先生的指導下，學得了擇日、地理、相學、八字、占卜等與五術相關的知識，期間仍不斷續地對姓名學做更精深的研究，在論斷姓名時，將五術裏的易卦、八字、五行生剋、陰陽、天運等理論融合，發展出「直斷式姓名學」，也推翻了日本所謂「逢四必凶」的熊崎式姓名學，並在姓名學派中引起陣陣討論熱潮。

「我剋為妻財，剋我為官鬼，我生為子孫，生我為父母，同我為兄弟」如此本為卜卦的生剋原理，有可以運用在姓名學上，在天、人、地、外、總格中，以人格為命格，發展出各種相對應的關係，對於人際、婚姻、婆媳、事業、健康等均有影響，也難怪許多企業家、官場名人、演藝人員都欲前來要求鑑定其姓名。

承蒙賢師吳明修先生的提拔，讓我連任中國河洛理數易經協會第三、四屆理事長，暨現任中國擇日師協會理事長。目前，敝人除了將姓名學發揚光大外，也勤於筆耕，但仍然不敢有半點懈怠，期望自己能夠精益求精，更上層樓，服務更多社會大眾人士。

目錄

前言

壹：陳哲毅姓名學的基本理論

貳：五格生剋個別特性論

參：十二生肖與姓名學

陸：陳老師更名實例

柒：一、打破熊崎式凶數之說

二、直斷式姓名學之吉格劃數配合

捌：附錄

前言

姓名影響咱一生，斷章取義不可行

坊間的姓名學，幾乎千篇一律以三才五格的數字生剋來論當事人的運勢好壞及吉凶，一味以為相生為吉、相剋為凶，完全是生多少為吉、剋多少為凶，的確失之籠統而狹隘。

名字的好壞並不只是在於它的生和剋，也不只是在於三才的吉凶，所謂三才的吉凶即是81劃數的吉凶，其實生多並不見得好、剋多也不見得凶，而是要配合一個人的八字喜用神和六十甲子的天運納音，才能完成這個名字的平衡點。

名字的取用，當然不能完全左右人的一生，但它卻會間接影響我們的個性、習性、觀念及心性的變化，包括夫妻的對待、子女的對待、花錢的概念、理財開源的模式；最主要是在六親的對待，如配偶的六親、自己的六親，彼此互動的連繫。

坊間標榜的好名字，無非都是要大富大貴，但是大富大貴，並不是人人都可以求得的，一定要有適當的環境，很好的祖德，良好的教育，加上一個好名字，這樣一種格局的人，一生之中才會順暢，但要順暢另有一個玄機，知足才會順暢，惜福才會順暢。

很多姓名學老師會應家長要求，取個女強人的名字，但是女強人的實際生活裡，卻是婚姻破裂，和男人爭權威；然而目前中國人的社會，絕大多數仍屬於父權社會，父權社會的特徵就是男人要有適度的權威，妳把老公壓制之後會產生兩種情況，一是太寵，讓老公太閒；一是指揮太多，讓老公做得要死，壓力太大，這也是命理裡所講的剋夫命，剋夫命有所謂的軟剋和硬剋，所以筆者不贊成要配出一個女強人的名字，假如男性配偶很有主見，事事都能完全掌控，則這個要求必是福份無窮，家道也不致中落。

認真探討起來，一個名字的好壞，並非單純由人格地格、外格、總格的筆劃吉凶能決定，傳統姓名學認為天格影響性極微，事實上也並非如此，三才五格的各自生剋制化現象在在都影響到一個人的心性和運勢發展，生肖用字也有加分效果，但如果過度相信它的影響性，也是太高估了。

名字好壞要如何判定，不外乎生與剋的份量要適量而平衡，架構要完整，而姓名五格中生多和剋多，大致可能歸納出以下特徵。

名字中生多的人，表示此人活潑受寵，頭腦好，有獨立思考能力，貴人多，應出人頭地，但要會能持續多久，因為生多的人容易養成傲慢自負心理，不夠謙虛，只要我喜歡，沒什麼不可以，一直想要往前衝，沒有人可以綁住你，尤其在商場上，通常會大起大落，大起大落並不代表壞，但要看你的身體是不是能跟得上，人到40歲，意念和體力總會衰退，即使仍有貴人，但漸漸的會力不從心，所以生多的人，令人羨慕的是身邊總不缺乏貴人，但往往卻是一副懷才不遇的德性，最後先悒鬱以終。

被剋多的人又怎樣呢？外表看似生活過得很不風光，一生勞碌、憂心、個性保守，常在吃虧，但卻能一步一腳印，建構出美好的生命藍圖，這情形有如龜兔賽跑，被生多的人是兔子，被剋多的人是烏龜，小烏龜雖然走得慢，但牠不放棄希望，在兔子領先一段路途而志得意滿時，小烏龜終於到終點，我們如果驗證社會上許多名人的名字，其實都是被剋多的類型，甚至有些還被形容成：「鹹又澀，夭鬼又兼雜唸」，但被剋即代表節儉，一些財政經濟官員、社會名流，許多是被剋多的典型，但是他們都是成功致富、名利雙收。

過度強調總格對人一生的影響力，且偏廢天格，認為總格筆劃吉為吉、凶吉凶，四格相生即為良名，四、五十年來一直被如此認定，直到這十多年來，民眾漸漸發現，總格凶數的人怎麼都成了高官厚祿，名傳千古的幸運兒，比如李登輝、陳水扁、宋楚瑜、俞國華、吳伯雄、李遠哲、錢復、張學良，有人當了總統，有人做了省長、黨主席、行政院長、部會首長、國際紅人，如此一來，傳統姓名學完全慌了手腳，社會大眾也對姓名學嗤之以鼻，認為是最不科學、最不準確的命理學，包括我在內，我在傳授姓名學時，一面提醒學生，剛開始學習千萬別向別人提起在學姓名學，以免讓人訕笑或攻訐。

但是一種最圓融、最禁得起考驗的姓名學即將改變這個命名世界，那就是我所倡導的新觀念姓名學、直斷式姓名學和比較式姓名學，這三種架構的藍圖已逐漸完備，不久的將來，必將廣受引用和肯定。

姓名好壞從架構說起

「陳老師，姓名的好壞到底要用什麼方法判斷？」

在大大小小的演講中，筆者最常被問及上述問題，綜觀坊間姓名學書籍，有專講生肖的生肖姓名學、有專攻筆劃的熊崎式姓名學、有九宮姓名學、有從字音字義判斷的姓名學，林林總總令大眾一頭霧水，深怕好不容易取好的名字又犯了某某忌諱。

筆者鑽研姓名學長達數十年，命名數以萬計，仍然不忘對前來求教者耳提面命：姓名的好壞並非只看筆劃吉凶、也非著重生肖字義，而是在於姓名的架構要正確、生剋狀況要適當，一個名字生多不見得好，剋多也不見得壞，適當的本生相剋則會產生很好的後果。

「凶數不是凶、吉數難言為吉、吉數中有生無化為大凶、吉數中有生恐不富也無貴、吉數中過多恐藏凶、凶數中有制為不貴則富、凶數中有生有制不富也來貴」在筆者的著書中，可常見上述這一段話，筆者再三提醒，目的無他，為的就是讓社會大眾對姓名學有正確的認知，否則，一個好名被改成壞名、一個壞名被誤認為好名，是筆者最不樂意見到的。

總言之，一個架構差、生剋不恰當的名字，才會受到吉凶數、字義的影響，讀者們若是仍覺不妥，最好的方法就是請專業的姓名學老師改名、命名，並對新名字充滿信心，如此內（心）外（名）兼具，就能產生最好的靈動力。

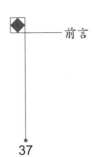

好名、好名片、好運到

坊間的姓名學，有以字音來看的，也有以字意來評的，更有以筆劃、生肖來命名的，而筆者的姓名學，則是結合了數理靈動、陰陽五行與天格、地格、人格、外格、總格等各格來相互搭配而成，再配合好的音、意，讓人的性格、運勢、人際都有一定的成長。

名字對於人的影響是很大的，而當一個人出社會後，名片也會影響到人的運勢。有鑑於此，筆者特別書寫開運名片的要素，讀者看了之後，不管是以本名、偏名，或者本名加偏名的方式，結合開運名片，都能有加乘效果。（當然，好的名字再加上好的名片，開運效果更顯著）

以下將開運名片重點節錄，詳細內容見後文。

- 名片加了框，運陷困境方
- 名片加線條，業務難推展
- 名片有照片，小心惡桃花

・名片有底紋，恐讓能力退

・名片再加工，公司形象賠

・名片不乾淨，金錢問題起

親愛的讀者，趕緊檢查你的名片吧！如果有上述問題，不妨多做修改，讓開運名片伴你一生！

壹

陳哲毅姓名學的基本理論

姓名學的基礎

姓名學是以易經的三才（天格、地格、人格）和五格（天格、人格、地格、外格、總格）的五行（金、木、水、火、土）來看生剋變化，因此，學習姓名學的第一步就是認識三才、五格、五行。

在姓名學中，五格是非常重要的，五格代表著流年運勢，也與我們的生活產生密切的關係，其中，天格為一歲到十二歲的流年，表示長上、父母、老師、祖先、思想、疾病、困厄、工廠、辦公室。地格為十三歲到二十四歲的流年，表示兄弟姊妹、妻子、子女、朋友、田宅、丈夫、母親。人格為二十五歲到三十六歲的流年，表示本人的內心與嗜好、精神。外格為三十七歲到四十八歲的流年，表示奴僕、環境、遷移、丈夫、妻子、兄弟、朋友、外出運。總格為四十九歲到六十歲的流年，表示財庫、長輩、老師、福祿、家庭運勢、公婆的表現、岳父母的表現、父母的表現、妻舅妯娌間的情形。

五格	流年	代表
天格	1歲～12歲	長上、父母、老師、祖先、思想、疾病、困厄、工廠、辦公室。
地格	13歲～24歲	兄弟姊妹、妻子、子女、朋友、田宅、丈夫、母親。
人格	25歲～36歲	本人的內心與嗜好、精神。
外格	37歲～48歲	奴僕、環境、遷移、丈夫、妻子、兄弟、朋友、外出運。
總格	49歲～60歲	財庫、長輩、老師、福祿、家庭運勢、公婆的表現、岳父母的表現、父母的表現、妻舅妯娌情形。

姓名學的基本格式

瞭解了五格中的各格關係之後，現在讓我們來看看分析名字時的格式：

	姓【　】天格	
【　】外格	名【　】人格	
	名【　】地格	
	【　】總格	

姓名學五格之演繹方法

1. 天格

天格的計算方法：姓氏加1為天格，若姓氏為複姓，則以姓氏之筆劃總和為天格。

〔例一〕：林義雄之天格為（8劃）加1——9劃。

〔例二〕：蘇貞昌之天格為蘇（22劃）加1——23劃。

〔例三〕：高島成龍之天格為高（10劃）加島（10）——20劃。

〔例四〕：陳旅得之天格為（16劃）加1——17劃。

2. 人格

人格的計算方法：將姓氏的最後一字與名字的最初一字相加之總和為人格。

〔例一〕：沈海容之人格為沈（8劃）加海（11劃）——19劃。

〔例二〕：王傑之人格為王（5劃）加傑（12劃）——17劃。

〔例三〕：林耕辰之人格為林（8劃）加耕（10劃）——18劃。

〔例四〕：原田哲毅之人格為田（5劃）加哲（10劃）——15劃。

3. 地格

地格的計算方法：名字的筆劃數相加之總和為地格；如果是單名，則將名字的筆劃加1為地格。

〔例一〕：唐飛之地格為飛（9劃）加1——10劃。

〔例二〕：胡茵夢之地格為茵（12劃）加夢（16劃）——28劃。

〔例三〕：余天之地格為天（4劃）加1——5劃。

〔例四〕：胡瓜之地格為瓜（6劃）加1——7劃。

4. 外格

外格的計算方法：將名字的最後一個字劃數加1即為外格，若單名則為假名1加1

等於2。

〔例一〕：陳水扁之外格為扁（9劃）加1——10劃。

〔例二〕：童中白之外格為白（5劃）加1——6劃。

〔例三〕：張雅琴之外格為琴（13劃）加1——14劃。

〔例四〕：李玟之外格為假1加1——2劃。

5.總格

總格的計算方法：將姓名中各字的筆劃數相加總合為總格。

〔例一〕：林詩昌之總格為林（8劃）加詩（13劃）加昌（8劃）——29劃。

〔例二〕：鄭為元之總格為鄭（19劃）加為（12劃）加元（4劃）——35劃。

〔例三〕：林福地之總格為林（8劃）加福（14劃）加地（6劃）——28劃。

〔例四〕：司馬致明之總格為司（5劃）加馬（10劃）加致（10劃）加明（8劃）——33劃。

6.名人格局演繹

〔例一〕：李遠哲的姓名筆劃為7、17、10，格局如下：

	李07	【08】天格（金）
	遠17	【24】人格（火）
外格【11】（木）	哲10	【27】地格（金）
		【34】總格（火）

〔例二〕：林義雄的姓名筆劃為8、13、12，格局如下：

	林$_{08}$	【09】	天格（水）
	義$_{13}$	【21】	人格（木）
外格【13】（火）	雄$_{12}$	【25】	地格（土）
		【33】	總格（火）

〔例三〕：呂秀蓮的姓名筆劃為7、7、17，格局如下：

	呂07	【08】	天格（金）
	秀07	【14】	人格（火）
外格【18】（金）	蓮17	【24】	地格（火）
		【31】	總格（木）

姓名五行數字的特殊相生相剋

五行，指的是木、火、土、金、水五行，這五行既相生也相剋。相生的順序為木生火，火生土，土生金，金生水，水生木；相剋的順序為木剋土，土剋水，水剋火，火剋金，金剋木。

而阿拉伯數字零至玖也和五行有著密切的關係，數字一、二為木，三、四為火，五、六為土，七、八為金，九、〇為水。

木（1、2）生──火（3、4）生──土（5、6）生──金（7、8）生──水（9、0）

木（1、2）剋──土（5、6）剋──水（9、0）剋──火（3、4）剋──金（7、8）

在零──玖之中，奇數為陽，偶數為陰，五行相同者，陽剋陰。

五行	陽生陰
木	1生2
火	3生4
土	5生6
金	7生8
水	9生0

瞭解了五行與五格之後，可由下列順序來分析一個人的姓名格局。請注意，分析格局時除了以五行（金木水火土）的相生相剋分析外，遇相同五行時，為陽生陰（即奇數生偶數）；遇個位數相同時，為小數生大數（即15生25，9生19……依此類推）；兩數相同時，為比和（即15與15）。

分析姓名的順序：

1. 天格與人格的關係
2. 人格與地格的關係
3. 人格與外格的關係
4. 天格與地格的關係

5.天格與外格的關係

6.地格與外格的關係

7.天格與總格的關係

8.人格與總格的關係

9.地格與總格的關係

10.外格與總格的關係

例如陳水扁的姓名筆劃為16、4、9，其姓名格局分析為：

	陳16	【17】	天格為金
	水04	【20】	人格為水
外格【10】為水	扁09	【13】	地格為火
		【29】	總格為水

1.天格生人格（金生水）。

2.人格剋地格（水剋火）。

3.外格生人格（10水生20水）。

4.地格剋天格（火剋金）。

5.天格生外格（金生水）。

6.外格剋地格（水剋火）。

7.天格生總格（金生水）。

8.總格剋地格（水剋火）。

9.總格生人格（29水生20水）。

10.總格生外格（29水生10水）。

又例如吳淑珍的姓名筆劃為7、12、10，其姓名格局分析為：

	吳07	【8】	天格為金
	淑12	【19】	人格為水
外格【11】為木	珍10	【22】	地格為木
		【29】	總格為水

1. 天格生人格（金生水）。
2. 人格生地格（水生木）。
3. 人格生外格（水生木）。
4. 天格剋地格（金剋木）。
5. 天格剋外格（金剋木）。
6. 外格生地格（11木生22木）。
7. 天格生總格（金生水）。
8. 人格生總格（19水生29水）。
9. 總格生地格（水生木）。
10. 總格生外格（水生木）。

貳

五格生剋個別特性論

●人格生地格：

此格局者個性好惡分明，喜與光明磊落的人來往。在他們個性主觀、好爭辯，說話直率、坦白，常在無意中得罪別人而不自知。具有藝術天份，做事勞心又勞力。易與兄弟不合、夫妻易爭吵，但是對家庭的責任心重。

地格代表家庭成員安身立命之所在，此格是愛家、顧家的人，有責任感。對別人拜託的事一定會妥當完成，熱心助人，濟弱扶傾。不善偽裝，只會用嚇唬的，馬上就會全盤托出；用罵的，則會哇哇大哭。女孩子尤其如此，男孩反顯較憨相。

是完美主義者，以天下為己任，實有正義感，個性不服輸，有些傲性，不會隨波逐流。喜過自我的生活，凡事未雨綢繆，會事先規劃；不善言詞，不會推銷自己，做事都是默默付出，屬賢妻良母型。管教孩子嚴格，注重孩子的教育問題，與孩子相處須謹慎，不要因為要求太多以至不信任孩子，產生代溝。

男性則主觀強，對別人較不信任，是內在大男人性格。外表斯文，其實是神經質的個性，因此對事的得失心較重。人際關係不夠圓滑，個性太直率。凡事精打細算，事必躬親，事情要自己做才放心。

心軟、受感動，若傷到別人，大多無心，是典型的「刀子嘴，豆腐心」，自我要求、自尊心強，受到委屈也不解釋，哭也不願讓人看到。喜家人跟他同一步調，易為別人誤會或排斥，做事常吃力不討好。凡事喜歡參一腳影響別人，但個性太直，說話欠技巧。親人對他的幫助不大，若受友人背叛或別人不領情，會覺世態冷暖而心寒，心理上會有大轉變，須注意。

是愛你在心口離開的人，表裡如一，單純實在，也較易受騙。腸胃較弱，若操勞過度筋骨也不好。常無事空煩惱，做事一板一眼，做完事才會心安，喜歡雞蛋裡挑骨頭，故常惹人嫌。不擅處理感情之事，但很會為別人出點子。平時較情緒化，易歇斯底里，愛恨情仇，常糾葛交織。

●人格剋地格：

此格局為人富有正義感，喜打抱不平，個性獨立，自我意識極強，在家裡喜歡耍「老大」，常要兄弟姊妹遷就他。性子急，做事也粗心大意，常丟三落四。做事多謀略且較自私，喜當領袖發號施令，個性固執。

是天生的理論家，只要有人聽就會大放厥辭。凡事一把抓，不論是配偶、情人、孩子、家人，都要受他掌控。對人剛開始很熱絡，時間久了，會讓人覺得煩。能言善道，腦筋動得快，做事大膽，善於推論，但有些剛愎自用。喜動口不動手，需要的時候，對人敢褒，也敢貶，根本不管別人的感覺。

人際關係佳，很怕一個人無聊，所以喜找朋友閒聊。此格局的男人尤其愛面子，太太要用撒嬌的方式，在外面一定要讓著他，回到家怎麼管都無所謂。男人有時外表精明其實內在迷糊，也較大而化之；女人則強悍幹練，講話犀利，伶牙俐齒。由於地格之所屬，覺得每個人都應該幫助他，且非對外格，在家非常「鴨霸」，好像全家人都欠他似的。

男子會傾向沙文主義，女性必是雌雞司晨，且管教兒子嚴格，孩子是會聽話，但此人四十五歲以後，子女會對他敬而遠之。

外表看起來節儉，其實內在稍浪費。具開創力，但往往只有三分鐘熱度，虎頭蛇尾。

男性讓人覺得是無責任的霸；女性具事業心，比人格剋外格表現稍緩些，事情挑喜歡的做，也是動口不動手型。女性最喜人格剋外格的男人，次喜人格剋地格，喜歡對方的海派、見識廣，好像很有擔當的樣子。此格六親有家，家的支持是他的原動力。

●地格生人格：

對任何事都有好奇心，喜歡嘗試，具有冒險精神。但熱情有餘，耐性不足，做事總是虎頭蛇尾。表面上看來是充滿了自信，其實潛意識裡有很強的自卑感。若面臨太多的挫折和打擊，會擊垮他們薄弱的自信心。

善言辭，外在一派輕鬆瀟灑，給人感覺信心滿滿、有靠山，很會討好長上，也會利用下屬及家人，也會適時給他們小惠。婚姻多希望有帶財、利的。性格能伸能屈，喜一步登天，少十年的奮鬥。賭性堅強，見有利可圖之事，易見異思遷，反應好、點子多，人際關係好、懂進退、隨和，伶俐活潑，有包打聽之能。

因地格所屬，很受母親疼愛，配偶則是外來的助力，與配偶的關係是因不瞭解而結合，因瞭解而分開。此格具得勢時，氣勢凌人，意氣風發，失意時，則很會掩飾自己的窘境。做事投機，對未來充滿慾望、敢現、愛享受，好高騖遠，會借錢投資賺不花力氣的錢。錢花在刀口上，會奉承長上，以致能借力使力。

會察言觀色，很得長上的寵愛，但若格局不好反成馬屁精，如被包，則成為大男人主義者。愛吃美食，凡事任性、倔強，越說他越故意；依賴心重，喜聽好話。與朋友初次相處時很親暱且後多以交惡收場。對愛情不在乎，喜交女性朋友，家是他的補給站。

此格女性精明強悍，個性較為現實。會交際，最喜不需負責任的桃花。喜浪漫氣氛，外表亮麗。送禮重視品味包裝，熱心助人但不長久，不喜做家事、帶小孩。男性則是不論妻、母對他再好仍嫌不足，又怕嘮叨。

有女人緣，沒什麼責任感，看苗頭不對就會溜之大吉，情緒化，好吹牛。行事浮躁，敢冒險，易成也易敗，此格若是地生人、地生外、地生天，成地之生化，做事就較為穩重、敢做敢當。

●地格剋人格：

個性較隨和，能隨遇而安；做事有分寸，寬以待人，責任心重，不會賣弄自己的才能。為了家庭，會付出相當大的精神和體力。此種格局父母親管教較嚴，易被父母影響，而覺得縛手縛腳。

功名和事業無法很快一展身手，無形中自卑感較重，最怕怨天尤人，累業牽纏。此格是辛苦多勞、愛嘮叨，孝順父母，對家庭很有責任感，自己節省讓家人享受型。心軟、重諾言，凡是好相託，易為家庭所拖累。有此格之女性不宜早婚。

在年輕時做事都會老實告訴家人，但不受其利反受其害。個性內向、疑心病重，交朋友很挑剔。凡事會默默的做，態度認真負責，不常換工作，穩定性高。雖然自己想當老闆，但不會表現出野心，也不輕易改行。一生衣食無虞，是自己節省給家人過好日子的。

有雅量，常把錢或東西借給他人，有時候還不好意思追回，更會拿配偶當擋箭牌，反讓配偶譏笑。由於重諾言故不輕易答應別人，一旦答應了便會完成使命。

男性易受配偶的熱嘲冷諷成夾心餅干，其個性矛盾，對有主見的配偶又愛又恨。自尊心強，在朋友及長上面前是個愛面子的人。

女性則身受娘家拖累，非常依賴母親，會被配偶事業上的問題擔心或拖累。此格的人易心煩、常有莫名其妙的不安，心情不佳時會有淋雨的行為或自言自語，故此格必須常布施為佳。

●人格與地格比和：（似如人格生地格、地格生人格各一半個性）

人格生地格者，主觀強，容易自以為是，常在無意間得罪人而不知。地格生人格者，雖有冒險精神，但做事只有五分鐘熱度，常虎頭蛇尾，最後不了了之。

●人格生外格：

亟欲想外發展，易受外界誘惑，具藝術才華，頗具大將之風，其實內心空虛不踏實。好交朋友，廣結人緣，輕財好義，常為朋友兩肋插刀，而在所不惜。

有機會就出去玩，愛串門子，在家待不住，女性比男性更為明顯，是大姐大型，人際關係好，有點雞婆；男性外在斯文。

對他人的拜託，較不會推辭，付出也未必要求回報，很容易被朋友拖累。為人慷慨，適合做上班族，工作上較缺乏意志力、毅力，做事易虎頭蛇尾，常半途而廢。花錢的地方也是桃花所在，努力但徒勞，易上當受騙，幫別人有時反會幫倒忙，或受拖累，自己有難時他人卻袖手旁觀。至性情大轉向成謹慎、現實，反受人評為只可共患難不共享福，也易造成選擇性交友。外表好客，但內卻有些捨不得。

男性多長相斯文、實在，大多是靜靜的，有時亦沉默，有時也常跌破人眼鏡。內心有主見，家人的話或建議未必聽，也不如外表那麼容易溝通。

●人格剋外格：

喜歡富有挑戰性的事物，遇阻礙能排除萬難，勇往直前。人生旅途上的危機愈多，愈有衝勁；性格高傲而不服輸，意志力堅強。具領導者氣質，略帶霸性。做事有衝勁，重視物質享受，也喜歡追求權力，是典型「越戰越勇的武士」。

個性主動積極，做事有魄力，行事帶霸氣，亦給人壓力，常在不經意中得罪人。企圖心強，閒不住，欣賞有才華的人，也重視自己的一技之長。喜指揮他人，遇事有定見，喜吹牛，事業心重，有目標。

格局若好，是個經營人才，不願受人指揮，不怕競爭，對自己的要求高，心思細膩，很自負，智慧亦高。佔有慾強，具侵略性，掩飾內在的企圖與慾望，易意氣用事、不信邪，故做事易成也最敗。有格調、有品味，喜人奉承、愛出風頭，有幽默感，具學術的氣質、與藝術眼光，但不脫離現實。點子多新穎，喜在口頭上佔上風，若不成，則易惱羞成怒。

對事物具研究、開發、分析、追根究底的精神，且智慧高，有判斷自主性，不會人云亦云，不易受騙。與朋友交往，喜保護弱者，有俠士之風。平時精打細算，能省則省有點像鐵公雞。

因防禦心重，不相信別人，不易與人深交，是天生的理論家，平時未必多言，若話匣子一打開，則滔滔不絕。

不喜往外跑，對家人具有影響力，尤其對母親、配偶更是如此，他的提議多有絕對的權威性。對孩子恩威並施，具哄疼、鴨霸之性。此格之女性，事業心較重，易成職業婦女，較不會照顧老公（要格局配合），連帶著對老公的期望也較高。因個性獨立之故，婚姻稍差。深具公關能力，時而甜言蜜語，時而冷傲，全因人事不同所產生的分別性。

此格個性可委屈、可霸道，全因目的的不同，屬能屈能伸之格。喜開導別人，雕塑別人；也善營造氣氛。以男性說，是個好情人，具異性緣，氣質明快灑脫、不拖泥帶水。

為賺錢或為目標不畏辛苦，有點工作狂的傾向。

聰明，但缺點是較堅持己見，較無法接納別人的意見，說話、作為較強勢，有些恃才傲物，此格會讓人在不自在中幫助他。

•外格生人格：

能體諒別人，具慈悲心腸。在外人緣極佳，也有貴人相助。事業上可做多方向發展，切忌依賴心重，意志力薄弱，老希望得到別人的贊助。

與母親感情好，與配偶剛開始熱情相對，但時間一久配偶就會心不甘情不願；朋友也是，與人交往多是先熱後冷。很會包裝自己，會適時表現自己，自以為聰明，很會利用人際關係，讓自己更上層樓。重享受，講究品味，是勇敢追求理想的人，做事情沉穩有分寸。男性外表斯文，事實上很花心，喜獨立自主的伴侶；女性則端莊、穩重，不致恃寵而驕。此格私心較重，因為重外表，所以並不是表裡一致的人。

•外格剋人格：

運動能力很強，若是自認為有理，即使對方的體格比他壯，他也會放手一搏。個性火爆，有暴力傾向（尤其地格是火金）。適應環境的能力不好，常換工作，精神及工作壓力大，因言行直率易受批評，受小人設計暗害多。

防禦心強，少年、中年期易受友人金錢與感情債所累，以致對人非常小心，疑心病重。外表剛強，對人忠心，不擅處理感情、金錢問題，情緒都表現在臉上，不善交際，對於朋友的委託一定盡心完成。對事自有主張，表面對人謙和，其實內心不以為然，因被朋友陷害多了，漸漸也有戒心了，較會分別益友或是惡友了。意志堅定，事情決定後就不易改變，自尊心強，見有人對己不利，會盡力去除障礙，愛與人結交，但想愛又怕被傷害。

有被虐待傾向，男性易有異性追求，女性則會主動追求喜愛的人，配偶多屬嘮叨型。

●人格與外格比和：（似如人格生外格、外格生人格，各一半個性）

對朋友好，朋友也會相對的付出，要小心受到朋友影響，做事徒勞無功。

•人格生天格：

孝順父母，服從上司，對雇主有情，對員工有義，注意必要有食傷陰陽生，才能突顯缺點及性質，論法與陰陽剋同。

此格能言善道，小時嘴巴甜、伶俐、心思較早熟，善於察言觀色，會見時機博取好感，讓長上窩心感動。外在顯現自信、豁達，其實內心不安、多愁善感、心思細密，屬較會包裝、表現自己之人。女性則性喜打扮，若又地生人更是喜動口不動手，深懂人情事故，長上較會採納他的建議，也較易懂得升遷。

善處理人際關係，眼界高，有階級意識，對所有人都分等級，再做等級行事或說話。只做自己喜歡的事，不喜歡的則會撒嬌耍賴要別人做。對長上是口服心不服，對下輩則是得理不饒人，擅趨炎附勢，逢迎拍馬，一副諂媚討喜的模樣。男人之相比女人清淡些，長相較斯文，對男人較無法能言善道，對女性則花言巧語、猛獻殷勤。人生天相當重視陰陽生。

此格生就一股強勢之態，若同陰陽，別人對他的吸引力、採納力就會低很多。若話甜而不蜜，不符實際情況，升遷較有阻礙。

●人格剋天格：

自我主觀強，對父母的教導易生排斥心理。當人格屬金、天格屬木時，對長輩父母有不孝不敬，甚至忤逆的行為。與上司相處不融洽，易與上司或父母口角、爭執，或意見不合。注重陰陽剋（正偏財），有陰陽較有貴人，能得人緣，敢向長上、父母、上司要求。個性剛強，不怕惡勢力，會爭取、會耍詐、找答案，膽子大，不輕易放棄自己的權利，比較愛計較，所以易得罪人。不怕父親的權威，會指正長上，這樣的女性較不怕老公，不會求人幫助，不會鑽營走後門。行事較依自己的想法去做，對事都懷抱著熱忱與決心，努力完成目標（也不易服人，個性硬），不喜耍心機，表裡均相當踏實，另一方面就是較固執，個性急躁、專制、蠻橫，缺乏耐心。具有鬥志，是白手起家之人。

意志堅定，不會搖擺不定，能為理想奮鬥到底。對人熱心，不畏強權，不輕易滿足於現實，有虛榮心好面子，以致易自我膨脹、自大、喜歡將努力的成果展現給別人看。另外，會記仇、有報復心理。打拼事業時，也易因慾望過大而致心有餘力不足。

天運剋天格，小時身體較差難養，個性頑皮搗蛋，建議認拜乾爸乾媽，若符合上述條件則為養子命，與單格同論。對於看不慣的事情敢表達意見，不怕得罪人，但因不擅言詞，給人有些莽撞的感覺。較不會對長上表達孝心，致長上誤解而苦惱，因脾氣太直而壞了事，常有心事誰知之憾，而別人根本不了解他的心情。有一步登天的雄心，也是勤勞認真的做事，心中常想天下沒有白吃的午餐，敢衝敢做，給人嚴肅孤傲的感覺。

較易對人、事、物看不慣，做事有原則，也不易受人左右，可惜少貴人扶持，常會事倍功半，做事不會投機取巧，但常想快速成功，故有冒險心、賭性，需小心。男性給人斯文、老實、勤勞之感覺，其實內心膽量大，脾氣有點古怪，十足自以為聰明，多不是怕老婆型。

女性較男性明顯，給人精幹的感量，凡事都要影響丈夫，想管老公。若是上班族，會挑事情做。此格嘴不甜，說話不婉轉，若地剋天更是，能力比她好的人她才心服。是主管的好幫手，但小心她抗上擁下。

•天格生人格：

受祖德庇佑，父母及長上十分寵愛，易有貴人相助。長上有助，對於長上給他的照顧認為理所當然，給人驕傲的感覺，（先天的福份、長上緣、先天思想品行以喜忌論吉凶）與父親、長上、老公較沒話可說。

遇婚姻不順時，會往宗教或玄學求得心靈的安慰及成長。平時愛想東想西、易鑽牛角尖，從小父母就會對他照顧，很得人緣，給人的感覺似乎永遠有後台、有靠山。

•天格剋人格：

受長輩或父母的壓抑，雖有正理但難以溝通，常有鬱卒之感。是以正官、偏官來做推論，且要注意此格（要特別注意五行喜忌）是吉是凶，吉論吉，凶論凶。若是忌則會受父親、貴人連累，常會頭痛，壓力大。

個性較保守內斂、含蓄，願意接納別人的意見，頭腦靈活具開創性，做事有規律且專注，有擔當與責任感。注意傳統，也就是會尊重前輩的意見，宅心仁厚，很為別人著想，很容易相信別人不會斤斤計較。也因為個性中的執著與單純，有時會較無彈性。對長上忠誠，但忠誠的外表下內心未必全然佩服，所以易患得患失。

此格之男人給人斯文、憨厚的印象，其實未必真是表裡如一，做事是慢郎中型，女性快速但較草率。長上對其期望高，故壓力也大，表面看是小心翼翼的，此時要見天剋人是喜忌否，若忌會心存反抗，行為上會有無心的不禮貌、不孝的想法出現。

也要注重陰陽，有陰陽剋，較具溫和性，同陰陽，較具兩極化，女性較疼老公，易成職業婦女為家庭付出無怨無悔，但也可能被丈夫拖累，甚至擔起家計的責任。為喜神有教養，知應對進退，深具慈悲心，孝敬長輩，易得長上提拔，上進、思想行為十分成熟。

●天格與人格比和：（似如天格生人格、人格生天格　各一半個性）

若是人格生天格，則人際關係圓滑，備受長輩寵愛。若是天格生人格，則行事稍任性，會親近宗教，從中尋得心靈的平靜。

●地格生外格：

本享受家庭的溫暖，卻禁不起朋友的誘惑，而往燈紅酒綠的世界徘徊，流於虛華不實。

隨和好客，對朋友是有求必應，不計較，外向多情，對人尤其是情人是全心付出，關心好朋友、家人，即使兩人分手，對方又會吃回頭草，心地軟，外交力靈活開放，但也易受騙上當。配偶的個性外向，自己也喜往外跑，很會編理由。此格的配偶不會眼高手低，易被看穿心思。

地格若被生、地生外，則外為地之貴人，若格局不佳，此人反成笑裡藏刀的笑面虎。

●地格剋外格：

不善於言辭，故易被人誤解。若地格為火，外格為金，個性會比較衝動，對精神與物質的旺盛追求的個性。

善於察顏觀色，不輕易相信他人，不輕浮，讓人感覺城府深，心機重，有話不直說。行事穩重，凡事都有計畫，反面，自以為是，孤芳自賞，不易讓人說服。遇事常默默處置，事後會檢討；交朋友有原則，喜交興趣、理念相同的朋友。

外在表現溫和多情，內在其實喜受人尊重、重視，外出都是有原則和目標的。平常看起來很有耐心，一發起脾氣就是瀕臨絕交，尤以金剋木最烈，此格的人較會不喜歡配偶往外跑，對於配偶的事業、交友狀況都愛插手。平常喜歡研究現實環境、事物、人的利害關係，是個很實際的人，愛好自由，不喜受人限制，遇事較獨善其身。心高氣傲，故少貴人幫助，亦不受大多數人的欣賞。

●外格生地格：

雖然付出的努力多，說話不夠圓滑委婉，所幸在人際關係和做人處事上還算理想。能與家人胼手胝足，共創美好的未來。

個性悶騷，外表忠厚老實，較不善表情達意，也較能忍受寂寞壓力。脾氣溫和，也會愛自己，會享受、愛休閒，喜多充實學習，對於外在環境及人情冷暖頗多體會，感受力強，有同情心。多思多慮，反而讓自己心煩意亂，給人老實可欺的感覺，易受別人拜託、設計、佔便宜，頗似濫好人，其實未必。因為悶虧吃多了，年輕時就體會到吃虧就是佔便宜。若地搭配不好，易夾在公婆與配偶之間左右為難。

●外格剋地格：

信賴朋友，朋友說話完全不會懷疑，反而不太接受家人的意見。主觀強，言辭誇大，死愛面子，不輕易服從他人，喜與人談心，怕寂寞，好交朋友，不勢利，不會從外表看人，是此格最佳寫照。但與相交久了，別人對他的評價會降低，因為他愛表現，又自以為聰明、死不認錯。做事不曾在意別人的眼光，但判斷力不佳誤把小人當貴人、貴人當小人。行事會蓋過他真正的想法，會做出意想不到的行為。有哥兒們的味道，不喜歡聽人說大話，若有不順耳，馬上反駁，但是雷聲大雨點小，也不敢太過堅持。

地剋外則是對於聽不順耳的，不會特別怎麼樣，卻以學問、氣勢來壓你，地剋天同。若整個格局的氣勢弱，以上之現象未必有，但防禦心強，小心易遭配偶冷言相對。不會守財，會受友人拖累，人際關係稍差，此格男人是典型的妻管嚴。

●外格與地格比和：（似如外格生地格，地格生外格各一半個性）

朋友對你好，你對朋友也好，凡事都不懂得拒絕，常造成自己的麻煩。外格生地格者，忠厚老實給人好欺負的感覺，所以常吃悶虧；地格生外格者，愛交朋友，對朋友的要求是有求必應。

•天格生地格：

長輩對六親部屬付出多，但因為太嘮叨，對方不見得領情。對妻子、手下、好朋友都很照顧，關心配偶，注重身體健康，關心家庭運勢，為人思慮多、個性傾向猶豫不決。不浪費較守財，較易為他人著想，天生有一股使命感，如對家庭的興旺，工作表現良否，家庭之和樂否，小孩的教育問題，扶養問題，生存之道等，常憂心不已，也常自覺心有餘力不足。一般而言，對老闆較忠心，能盡忠職守。

心地善良，由母親掌家的情形居多。長輩對他的期望很高，對他的言行很嚴格，家庭對他的影響非常大。故若父母離異很容易影響他下輩子連帶觀念與處事都會與原來不同。

地格是水，有二種現象，一是此人優柔寡斷、遇事無定見；二為易搬居所，或變換工作，也易為雙親與太太的問題傷腦筋，外人是看不出跡象的，大部分是因雙親嘮叨，常到家裡來挑剔媳婦，父親關心我，但我與父親話不多，心中愛父親，但行動表現不出來。

●天格剋地格：

祖父母對孫子女的管教較嚴，或因有代溝而無法得寵，公婆對媳婦的要求嚴格，有挑剔之嫌。父親對子女管教較嚴格，要多花時間溝通。

做事踏實誠懇，個性本分努力，予人信賴感，故有貴人栽培。有理財觀念，能有節儉守財。內心思慮細密，有苦也不向人訴，多悶在心中。

易受小傷，腹部尤其受傷、或有開刀之苦。女性十三歲以後，就有婦女病之虞。家裡小事由母親的情況決定，大事由父親決定，是父管母，夫管妻，公婆管媳婦（太太孝順公婆）。格局好，則太太是明理的能幹女人，丈夫對岳父母很照顧，父掌家。易小傷不斷，小病不絕，自己是賢妻良母型，對事情比較認命、甘願付出。

●地格生天格：

晚輩對長輩較照顧，說話雖然直，但是出自一片肺腑之言。這個家裡母親會管父親，且為賢內助，即使父親覺得煩，也是無可奈何。內心尊重父親，有神佛觀念，對長上會心甘情願地盡孝，但是不敢邀功，故較忙碌憂心。配偶也會對父母親好，較愛管閒事。

工作穩定，且變動不大。母親、配偶都能幹（地剋天為霸性能幹），男子尤然。因為地為配偶，天為雙親，地生天是管也是照顧，一是公婆與媳婦相處融洽，不管年輕人的家務，加上歷練及寬容心，不因地管天，公婆仍會笑嘻嘻。另一是配偶雖對公婆好，但二老並不領情，好壞與否還要看外與天的關係。

若地生天、天生外，則可和平相處。若地生天而外生天，相處上會稍有嫌隙。

若地生天而外剋天，父母就要多多忍耐了。

● 地格剋天格：

自己的子女對自己的父母（即孫對祖）有排斥感。若是男性，則老婆與公婆有隔閡，為女性，則子女對老爸有代溝或排斥感。為人好勝心強有耐力及衝勁，凡事又不願服輸，故常感心力交瘁。為人聰明，講求真理不信邪，不怕強權及壓力，事業有成者多為此格。

若格局好者，也具有悲天憫人之心。

對於宗教的力量感受較大，智慧超越長上，因此極易目中無人自以為是，不願跟隨能力稍差的上司做事。因此，一生貴人少，專才無法發揮或升遷與付出不成比例，生活事業都較勞碌，心中想什麼沒人知道。生活上注重精神層面，不重物質享受，但是花錢大方，故而不易存錢，離家往外地發展會成功。

有此格者頭部常受碰撞，多注意血光之災。

若為此格之人，配偶及母親都很能幹，但是比較不明理，會影響父親與自己。對外人比家人好，對不喜歡的人很排斥，甚至有任性與霸道的傾向。

此格多母親當權（需配餘格較準），配偶對他並非百依百順，配偶與雙親相處也未必融洽，但公婆會對媳婦好（還參考天、外關係更準）。

•地格與天格比和：（似如地格生天格、天格生地格各一半個性）

天格生地格者，是勇於負責的人，對家人、朋友都很照顧；地格生天格者，工作穩定少變動，對生活品質有一定水準的要求。

•天格剋總格：

岳父母（公婆）對自己的父母不錯。結婚時易與配偶的父母意見不同，自己也會戰戰兢兢。心情不好時會以血拼紓解壓力。有孝心，常買東西孝敬父母，另一方面，想佔配偶父母的便宜。辛苦賺的財物多半孝敬父母了。

•總格生天格：

岳父母（公婆）對自己的父母不錯，但父母不見得接受。喜賺錢，對錢財來源朝許多管道進行。也會有丈母娘看女婿，越看越有趣的現象，內心也會覺得受到尊重，未婚時，穿著較隨便，婚後則注重形象。

•天格生總格：

自己的父母想影響岳父母（公婆）並不容易。天為無形的地，總為有形之區，一是因，一是果，因果互論，必要與整個格局來參研，單一解釋無法道盡。受盡祖先庇蔭，有財運，與長上有緣。對配偶的父母很孝順，想多存錢。

●總格剋天格：

岳父母（公婆）可以影響自己，但雙方父母易不合。尤以配偶的父母氣勢較強。父母賺錢辛苦，小心頭痛。如加上其他格剋天格，則父母離開或生病，緣薄，或父親能力強，也易繼承遺產，或不受上司器重，不易服從，好勝心強，好學心重。

●人格與總格比和：（似如人格生總格，總格生人格各一半個性）

愛享受，與岳父母（公婆）不夠親近，說話不經大腦，常不留神即得罪人。人格生總格者，生性節儉會求財，心地善良；總格生人格者，天生財運佳，也懂得享受，工作不忘娛樂。

●總格剋人格：

希望得到更多財富，但是抓不到訣竅，所以存錢存得很累。對賺錢頗有興趣，對人生的想法悲觀，似乎錢永遠不夠用，易受配偶父母連累，有被錢追著跑的感覺，勞心、勞力，千方百計以累積財產為首要目標，若故格局佳是個守財節儉之人，格局若差，變成死要錢、小氣之人。有野心，但疑心病重，做決定多半一意孤行，自作聰明，吃力未必討好。格局若被包（天地外格生人格），又聰明剋人，易有意外，血光，牢獄之災。

此格局會不得不對岳父母、公婆好，彷彿上輩子欠他們似的，總之此格較不浪費，節省自己，也會欠其他人的債。心胸不開朗，會給自己壓力，是憂心、困擾，較勞苦的人生。

●總格生人格：

因為好大喜功、愛面子，錢財較難留住，雖然岳父母（公婆）對你不錯，但是你比較不領情。

天生財運佳，婚後配偶父母有助，減少許多打拼的時間，工作不忘娛樂，不會為了錢的事煩惱，因為懂得賺、也懂得花，生活有格調，對自己慷慨，也悠哉、清閒。與人閒聊，談吐風趣，懂得享受，喜歡簽帳耍大方，交際手腕好，會包裝，應多充實內涵，小心感情及情慾問題，精神財物雙重破耗，喜出風頭，易遭人利用。男人較具俠士風範，女性則以格局論定，有天生即好吃懶惰者和精明幹練者之分。

格局若好，此格反能包裝自己、促銷自己，對異性有吸引力。配偶的父母會關心，也會照顧（稍微不情願）或依賴。

●人格剋總格：

物質慾望強，做事有衝勁，能盡所長去衝，感情上易得父母與妻妾之照顧。個性剛強，容易一意孤行，自我主觀強，成功與失敗端視大運吉凶而。愛享受，物質慾望強，愛冒險，以致財務方面易大起大落，有敗家產之虞。對配偶父母的話聽不進去，雙方關係不融洽。對孩子大方，捨得花錢為孩子買生活用品。

●總格剋地格：

具有此命格之人，金錢方面不虞匱乏，結婚時，有父母出錢，結婚後，配偶也會給你金錢上的援助，但你千萬別因此而荒廢工作，以免讓父母和配偶有金錢上的壓力。

如果自己開業，會任用到能力很好的部屬，有子女的人，將會體認到孩子們對你的孝心，雖然孩子不見得在你身旁，卻不會忘了給你經濟上的幫忙。

孩子對你孝順，你的配偶對你的父母也同樣有孝心，三代同堂、和樂融融是可期的！

•人格生總格：

生性簡樸易聚財，且有貴人相助。一生辛勞努力勤奮，定可達成頤望並獲得成功。與子女較有親近之機會，晚運佳，更能事業有成。有理財概念，且能認真執行，把握金錢，不亂花費。

對配偶的父母孝順。不會計較配偶父母的事情，心地善良，有餘力。則幫助弱小或朋友，也會對賺錢有使命感，如因格局不佳，造成財物流失，此格人則會遊戲人間。

•地格剋總格：

配偶對其父母予取予求。會將積蓄給家人、配偶花費。為配偶任勞任怨甘心付出，對要好朋友也是熱忱款待。自己也喜享受、愛消費，與配偶的家人宜分開住，免得受牽連。對於不喜歡的人事會隱藏在心中，不做批評。個人的積蓄宜秘密保存，以備急需。

●總格生地格：

岳父母（公婆）對配偶直言直語也很寵愛，配偶因此個性較強。人格的印星重重（即地、外、天格生人格），與地格的印星重重（即外、天、生地格）都不是好現象，此又影響了總對人、總對地之喜忌判斷。

相反的，若人、地被分化（即剋洩交加），來生我，此總格是生命泉源，依此方向論斷，必能拿捏得當。如果地格生化多，此格成財庫隨身，青、中年時工作辛苦，等到鴻運當頭，脫去袈裟配龍袍，配偶家會給予相當大的援助，減少奮鬥的時間。

相反，則配偶與其父母相處本就不融洽，配偶父母甚至反成了沉重的包袱。

此種論法一概同論，之前所謂額與格之間對待，只是一種表徵，故只需強調，勿一概而論。

●地格生總格：

配偶對父母熱心照顧，但因說話太直，父母不見得接受。內心想對配偶的父母孝順，配偶有幫夫運，亦孝順公婆。（以五行可推論配偶、貴人、個性、互動意向、先天福份）。具有理財觀念，及長遠的生意眼光，出外愛把自己美好的一面展現出來。

●總格剋外格：

不論多辛苦的工作，只要有利益都願意賺，腦筋動得很快，不放過任何一個賺錢的機會，無論朋友，家人都是他推銷的目標。對朋友要求比付出多。具有生意眼光，平日注意社會時態，對周遭環境人、事、物都會有所要求，批判。善察言觀色，防禦心強，太過功利，所有精神都用在賺錢上，給人很大的壓力，讓親朋好友退避三舍。無故會受人怨，遭人妒。請客大半都是有目的，平日自己十分節省，對人對事謹慎。

●外格剋總格：

對財物保持慢慢來的心態，但易被朋友影響，朋友一煽動，就想快速得財，財不易守，喜歡人拍馬屁，小心受朋友的甜言蜜語欺騙，散盡多年積蓄，在外交際，也易把小人當貴人，而引狼入室，耳根子軟，與此格人溝通，說話時只要委婉得體，是能順利溝通；若用強硬手段，反招來反效果。從商之人若是此格，投資時要十分注意，以防後悔。

●總格生外格：

既想輕鬆賺大錢，又要有面子，腦筋動得快，但不願意做粗重的工作。愛表現，心事藏不住，在外喜受人注目，交際手腕圓滑，很會打扮自己，更懂得應對進退，該花錢時絕不吝嗇，也因環境、目標、時間的不同，對待也不同，錢一定用在刀口上。

善用有形的人、事、物來支配人，以達到預定的目標與理念，只要有效果就可。有知人善用的能力與風度。男性若請客，會較有連續傾向（再接再勵）；女性則會照顧需要照顧的人（同情弱者），此格與總生人較類似，但人都是寬以待己嚴以待人，用此角度分析當知道，類似而不同之處。喜歡賺輕鬆財，婚姻易有風波，對是否有婚約並不太在意，反在乎是否有愛情，在這方面較為任性。

●外格與天格比和：（似如外格生天格，天格生外格各一半個性）

有時會照父母的意思，有時則我行我素，不容易掌握。外格生天格者具有企劃頭腦，但有時會流於理想化，而忽略了現實環境；天格生外格者，與父母緣份未必很深，但很重視父母的教導。

●外格生總格：

對事業保守，不會想一步登天或投機取巧。（對想外的野心，心思意向）故為人節儉、樸實，自己省吃儉用，對家人、妻小卻很大方。也會用心思考，適合自己的生財之道，錢財也是只進不出，用錢謹慎規劃。即便婚姻破裂，孩子會歸自己管，配偶則形同陌路。有關錢財分配問題，會以自己為主，與兄弟姊妹緣淺。

●外格生天格：

在家聽長輩的，到了外頭聽朋友的，對父母的話雖然有不同的想法，但不會當面反抗。

懷抱遠大理想，常計劃夢想、理想多，會為了自己的理想奮鬥。對某些人會盲目的付出，會令親近的人想不通。有世界大同的觀念，因此不會與人計較，但有時會脫離現實。配偶非常孝順公婆，至於父母能否領情，要看天運及其總格局的配備。

●外格剋天格：

自己很有想法和創見，長上也會幫忙，但是要注意勿操之過急，否則欲速則不達。具有英雄氣慨，常見義勇為，不喜受人控制，有勇氣，相信自己，獨立自主，力爭上游，不輕易向人低頭，會努力尋找自己的人生目標。肯努力，意志力強，工作時戰戰兢兢，對長上、上司負責、忠心耿耿。是個理想主義者，小心因功勞多，而受人排擠。有抗上擁下之心，會造成老闆的壓力，年輕時氣盛強旺，但年齡長時會深刻體會人情冷暖，對人較有同理心，但反被恩將仇報。

外觀永保堅強，不畏強權的形象，實則內心是無比的孤獨。熱愛與人打混，主觀強，不受庸才所管制，喜愛與有才華的人為伍，與人相處言之有物。只要是有挑戰性的行業都適合，不宜入公家機關、當上班族，是典型的創業家。耳根子軟，喜被人當老大看待，不喜花言巧語，會看穿別人虛偽的一面。男性的母親與妻子，能力強，配偶與父母相處會有代溝，宜分開住為宜。

●天格生外格：

父母對自己的關心不見得多，但父母說的話一定聽得進去。對外人好，外格代表朋友、六親、福份、外在心態、表現、貴人、部屬、兄弟姊妹、工作場所、外在環境、社交活動、配偶、所喜歡的對象、手足。

此類型的人，較不受父母重視，與他們熟悉之後，對部屬下手的付出及管束，反讓人嫌囉嗦。

長上會注意我的表現、行動，讓人備感壓力，且不認為我是他的心腹。天格好的良性效益，往往被外格所代表的人阻礙，受到負面的影響，如較無貴人，兄弟間較無助互相提攜……等。

意志力稍嫌弱，略帶虛榮心（外在），男性若是此格，雙親會約束我的配偶，易生是非，若加上天格生地格，則更是如此。若是天格生外格，父母會對配偶好，但配偶反而覺得有點煩。

●天格剋外格：

自己會聽長輩的教導，無形中就有許多貴人來相幫。天格所涵蓋之人、事、物，會無形中管束外格所代表的人、事、物，故易得貴人相助、提拔，兄弟間比較能互助，且部屬亦多忠心且盡責。

此格之人較易有外傷。男性的配偶較孝順公婆（與天剋地同論），若男性天剋地、外，配偶必孝順翁姑（在老公的要求下不孝順也不行）。女性之配偶亦相同，母親與自家較熟絡。

外格為天格所剋，此不格必要有化才行，不則若行運，在走剋之年，生之年必有意外、不如意發生。配偶被父母管，媳婦不得不孝順父母，但也敢怒而不敢言。

參

十二生肖與姓名學

屬鼠的特性

屬鼠的人位居十二生肖中的第一位，老大心態的他們不愛被別人管，自由自在的工作他們最愛，自己當老闆也不錯！

有些屬鼠的人雖然愛好自由，但礙於資金有限，只能在公司工作吃人頭路。具有領導天分的屬鼠人頗適合當幕僚，如此他們還會享受那種一人之下、多人之上的感覺，而一旦屬鼠的覺得被束縛了，他們就會壯士斷腕、另尋他處。

屬鼠的人學習能力好，新知識也吸收得快，換工作對他們而言並不痛苦，反正不論到那兒，適應力強的屬鼠人都能一展他們那八面玲瓏的口才，再加上臨場應變能力強，鼠年出生的人常是公司老闆拚命拉拔的人，也是最有辦法代表公司應酬談判的上等之選。

在考試方面，屬鼠的人又要讓其他生肖大嘆弗如。

在反應快、記憶力好的本質下，屬鼠的人即使耐不住性子，對一件事只有三分鐘熱度，只要他們還願意臨時抱佛腳，成績往往不賴。

由於鼠年出生的人擁有這麼好的天份，只要能夠專注於某項技能上，成就必然指日可待。

*屬鼠的人適合的名字

（一）鼠是一種偏愛五穀雜糧的雜食性動物。因此，名字中適合用以「豆」、「米」、「禾」、「麥」、「粱」、「心」、「艸」、「月」為部首的字。例如：豔、豐、粟、精、秩、秉、麴、怡、恆、念、恩、朋、期。

（二）老鼠天生喜愛將自己藏於洞中，因此，總愛到處鑽洞好作為休息的地方。所以，名字中適合用以「ㄙ」、「口」、「宀」為部首的字。例如：向、右、嘉、宏、寶。

（三）老鼠喜歡穿戴華麗的彩色衣物。所以，名字中適合用以「系」、「衣」、「巾」、「采」、「示」、「彡」為部首的字。例如：素、結、襄、裴、席、布、潔、釋、彬、彭。

（四）老鼠是十二生肖中的第一個，因此，名字中適合用有「君」、「王」、「帝」、「令」之類的字。例如：冠、玲、琴、君、帝。

（五）由於老鼠多半都在夜晚中行走活動，因此，名字中適合有「夕」字。例如：多、夜、夢、名。

（六）老鼠的生肖是以申子辰三合，因此，若用相關的字形，對於財運、貴人運都有很大的幫助，由於三合所構成的力量很大，尤其是擺在名字中的第二個字，更能發揮它的效果。例如：振、雲、玖、媛、農。

（七）老鼠和牛、豬是三會於北方水的，即是亥子丑三會。此三會也會構成很大的力量，且容易產生貴人運，而有助於個人的發展。因此，名字中適合用以「牛」、「丑」、「亥」的字形為主的字。例如：加、豪、眾、聚、生、產。

*屬鼠的人不適合的名字

（一）由於子的對沖是午，午就是馬，所以，應儘量避免有「午」、「馬」的字，不然會造成很大的傷害力。例如：許、竹、騰、駿。

（二）所謂「羊鼠相逢，一旦休」，因此，也必須避免用有「羊」的字，因為子未相穿害，所造成的傷害力是會很大的。例如：群、達、美、善、羨。

(三)由於子是屬於水性的，因此，必須避免用含有「火」、「灬」的字，否則亦有水火不容的現象。例如：炎、炫、煜、燦、照、熊、燕。

(四)老鼠的天敵之一是蛇，因此也必須避免用以「弓」、「几」、「邑」、「廴」、「辶」、「辵」為字根的字，因為，它們的形狀很像蛇，而蛇會食鼠，亦會造成傷害。例如：張、邱、鄧、那、選、造、達。

(五)老鼠也怕人，所謂人見鼠必喊打，因此。也要避免以「人」、「亻」為部首的字，以免造成傷害。例如：仙、何、佳、俊、值、律、從、徹、徵。

(六)由於老鼠是習慣在夜晚活動的動物，因此，所謂見光死的避諱，即需要避免使用以「日」為字根的字，否則也亦產生危險。例如：昭、智、書、意、是、暉。

屬牛的特性

牛年出生的人從外表上看去就會給人一種值得信賴的感覺，事實上，很多出了社會的屬牛人總被委以又多又重的任務，即使屬牛的人心中不願意，仍然會默默地去做，唯獨一件事不能要求他們：那就是應酬。

屬牛的人討厭花言巧語、不擅拍人馬屁，要他們拿起酒杯說幾句場面話，簡直令他們難以忍受，因此，屬牛的人在公司中總是憑自己的實力來獲得主管青睞。當然囉！不會說好話的人總是稍稍吃虧一些，別人很快就升官，屬牛的人恐怕要「ㄠ」好幾年。一旦有所成就，屬牛的人將會穩穩地保住這個辛苦得來的寶座，被解雇或公司倒閉的比率也比較低。

在考試方面，牛年出生的人常被老師認為慢半拍，覺得他們的腦筋似乎轉得比較慢。其實不然，屬牛的人討厭一步登天的事，他們不像屬鼠的人一樣，擅長臨時抱佛腳，因此牛年出生的人在小考時的成績往往不見得理想，但遇到段考、大考時，他們的功力就展現了。所謂黑馬，指的正是學什麼都紮紮實實的屬牛人，而有學問的他們也滿適合走教育路線。

＊屬牛的人適合的名字

（一）由於牛是草食性動物，因此，若是能在名字中用「艸」字部首的字，無論是現實生活的需要，或者是精神上的需求都能滿足。例如：芝、萍、豐、苗、蓮。

（二）牛是屬於田野的動物，無論是耕種或是吃草，只要是能用上有「田」的字根的字，則表示這輩子不但能享受到美食，也能任勞任怨的在工作崗位上，發揮所長奉公職守。例如：男、野、苗、甲、略、富。

（三）因為牛是食素的動物，因此若是用上有「米」、「禾」、「麥」、「叔」、「菽」、「豆」等部首的字，則表示這輩子皆能衣食無缺，糧食豐富。例如：粲、粱、程、科、麥、穠、豎、豔。

（四）牛除了能耕田外，也具有拉車的能力，因此，在名字中用「車」為部首的字，則具有將牛升格為馬的味道，表示能力受到肯定，即使在工作上很辛勞，但因為認命和擔當的特性，所以，很容易受到上級的賞識。例如：軒、連、軾、運。

（五）若在名字中用有「宀」的字，表示有休憩的意思，對於生性刻苦耐勞的牛而言，頗具有平衡的作用。例如：宜、家、宛、宏。

（六）由於牛、蛇和雞稱為「三合」，因此能產生很大的助益，所以，名字中用上含「鳥」、「羽」、「酉」、「辶」部首的字，都很不錯。例如：鸞、鳳、菲、白、毛、邁、遷。

＊屬牛的人不適合的名字

（一）對牛而言，無論是在太陽下耕作或是走山路都是很辛苦的一件事，因此，需要避免用有「日」、「山」的字，否則變成所謂的「喘牛」，亦造成身體的傷害。例如：亦、春、晶、崇、峻、峰。

（二）由於牛是草食性動物，因此，要避免用代表心臟肉的「心」字根的字，否則容易有失落感或精神掠奪的情況產生。例如：忠、愛、志、恆、懷、怡。

（三）所謂人怕出名豬怕肥，因此，牛也忌諱肥大，因為，一旦長得過於壯碩，則容易成為祭天的的犧牲品，所以，應避免用有「大」、「王」、「帝」、「君」、「長」、「玉」、「冠」之類的字，以免惹來殺生之禍。例如：央、奎、璋、瑞、理、珍、玫。

（四）自古以來，便有以牛、豬、羊祭祀的習慣，所以，對屬牛的人而言，必須避免在名字中用「示」字根的字，否則即使擁有榮耀，卻是以生命的代價來換取的，實在是得不償失。

（五）屬牛者的名字要避免用以前帝王的名字，因為，稱君為王對屬牛者來說，只會添增辛苦，對健康和抵抗力都有所損害，例如：「雍」、「熙」、「堯」、「舜」、「禹」，或是朱元璋、李世民等帝王的名諱。

（六）由於牛和羊是屬於丑未對沖，因此，需避免用「羊」部首的字，否則會易有生死離別的是發生。例如：群、達、妹、善、儀。

（七）由於牛和馬是屬於丑午，會相互穿害，所謂「風馬牛不相及」或是「牛頭不對馬嘴」，因此，名字中應避免用「馬」部首的字。例如：驥、騰、駱、許、夏、丙、竹、丁。

（八）在古代，若將牛披上彩衣，表示要成為祭品，或者是成為火牛陣，具有一輩子都在為別人犧牲奉獻的意味，因此，要避免用有彩衣之象的部首之字，包括「系」、「巾」、「衣」、「示」、「采」、「彡」。例如：祖、彬、禮、裘、祥、裴。

屬虎的特性

屬虎的人從小就表現出見什麼、愛什麼的個性，鋼琴他們學、心算班也去過、英文班，更是每周必報到的地方，足見他們興趣之廣泛。

即使什麼都想嚐試，虎頭蛇尾的屬虎人卻很容易三分鐘熱度，一旦他們遇到難題，或是覺得提不起興致，他們將會很快的另尋新目標。

幸好，屬虎的人總會找到一樣令他們感到真正喜歡的事，一旦找到後，虎年出生的人將會花許多時間來研究，並將興趣和事業結合，開始他們完成人生目標的野心。

屬虎的人正義感強、有強烈的領導慾，他們隨時隨地都希望掌握人心，他們講話的態度和用字遣詞常讓人感到無法拒絕。在公司中，屬虎的人非常適合當業務主管，當然囉！自己開公司也是許多屬虎人的願望，不過要小心的是，虎年出生的人對自己常常太過自信，聽不進別人的勸言，要好的朋友往往是比他們弱的人，而沒有旗鼓相當者，非常可惜。

在考試方面，頭腦靈活的屬虎人雖然不愛唸書，卻能夠考出不錯的成績，令人刮目相看，這是因為虎年出生的人有一套獨特的學習方式，足以讓他們應對各種大小考，這就是為什麼很多屬虎人即使平常吊兒郎噹，又睡又玩樂的，考試的成績就是比那些死唸書的人好的原因。

*屬虎的人適合的名字

（一）由於老虎生長在森林中，因此，名字中用上有「木」、「林」、「山」字根之字，可讓屬虎的人一展長才發揮潛能。例如：東、松、桂、杜、棼、森、榮、崴、岳、峽、岦。

（二）由於老虎是屬於肉食性動物，因此，在名字中用上以「心」、「月」、「肉」部首的字，對於外在的物質和內在精神都有豐富充實的效果。例如：惠、慈、憲、慷、慕、有、望、育、能。

（三）老虎可說是森林之王，因此，若在名字中用上「大」、「王」、「令」、「君」為字根的字，則對事業上有幫助掌權之用。例如：夫、奉、奚、瑪、璇、璞、玲、球、琴、瑷、玟。

（四）為了增加老虎威風之氣，則在名字中用上「采」、「糸」、「巾」、「衣」字根的字，則具有增添華麗之用。例如：表、影、常、彥、沛、布。

（五）由於虎是屬於寅，因此，若用水字偏旁的字，所謂水生寅木，對屬虎的人很有幫助。例如：汀、漢、涵、濤、泉、求、泰、涷、冰。

（六）由於寅卯辰是三會和木局，因此，若用「東」、「卯」字根的字，對屬虎的人很有幫助。例如：柳、昂、印、勉、東。

（七）由於寅午戌三合，因此，若用上「戌」、「馬」、「火」、「犬」、「南」字根的字，對於產生貴人運很有幫助。例如：盛、威、城、駁、騁、騫、然、炭、烈、狄、猷、楠。

*屬虎的人不適合的名字

（一）因為寅和申正沖，所以要避免用「申」、「袁」字根的字。例如：坤、紳、坤、媛、侯、遠。

（二）由於寅和巳相刑害，因此，命名時也需避免用「一」、「丨」、「邑」、「廷」、「虫」、「辶」像蛇形的字根之字。例如：邦、鄔、郁、川、虹、尤、屯、仁、迅、逢、進、造。

（三）由於老虎習慣在樹蔭下乘涼，或是在山洞內休息，不喜歡在烈日下活動，因此，要避免用有「光」、「日」字根的字。例如：旦、星、暢、晨、書、宴、普、替。

（四）所謂「龍虎鬥」，即是指虎會和龍互鬥傷害，因此，要避免用「貝」、「辰」、「龍」字根的字。例如：顧、預、頌、頗、賓、穠、宸、農、龍。

（五）所謂的「與虎謀皮」的顧慮，且虎皮易有被展示的危險，因此，名字中應避免有「皮」字根的字。例如：皺、皮。

（六）假若老虎被關在家中，則無法展現其威力，因此，要避免用「門」部首的字。例如：閃、開、閩、關、間。

（七）由於老虎生性喜歡自由自在，不喜歡被人控制，因此，應避免用「人」、「亻」部首的字，否則易有傷害發生。例如：代、仲、伍、佰、住、得、從、微、徵。

（八）所謂「虎落平陽被犬欺」，因此，必須避免用「艸」、「田」字根的字。例如：芳、苔、茶、荷、留、當、疊、甸。

（九）由於老虎只要一開口，不是傷人便是傷己，因此，必須避免有大「口」、小「口」字根的字，否則對屬虎的人而言，易有受困之感，無法發揮威力。例如：回、固、圖、國、歐、呂、古、尚、史。

（十）談及老虎，為了增其威力，應儘量稱大避小，否則就變成了無用的病貓了。例如：少、尖。

（十一）由於老虎無法進入祠堂、宗廟的場合，因此，命名時要避免用「示」部首的字。例如：祥、社、祐、福、禮。

（十二）所謂「一山不容二虎」，因此，命名時要避免用有「虎」字根的字。例如：號、處、彪、盧、虛。

屬兔的特性

兔年出生的人幻想力強、不切實際，對於工作也沒有太大的目標和理想，要不然就是理想高過了頭，只能成為柏拉圖。

很多屬兔的人在公司中擔任不高不低的職位，你說他們的能力不好嗎？不盡然，只是屬兔的人不喜歡與人擠位子，也不愛爭權奪利。他們認為人生還有比這些更重要的事，對於領導管理也沒有太大的興趣，他們總是溫和地、靜靜地處理好每一件事，又不求回報，是公司最喜歡任用的典型。

屬兔的人思考纖細、小心謹慎，他們不愛冒險，也不喜歡意想不到的事，要他們當領導者頗不適合。因為，屬兔的人每走一步，就會東想西想，忌諱一多，步伐就過於保守，有時又顯得優柔寡斷。因此，對於屬兔的人來說，最好的工作就是在領導者旁貢獻他們的想法，讓別人決定下一步該怎麼做。如此一來，既不用承擔失敗責任、也不用擔心執行問題，這點是屬兔的人最聰明的地方。

計謀多端的屬兔人有點慵懶，對於唸書這件事也沒有多大的耐心和注意力，他們常會往書桌前一坐就坐好幾個小時，卻不見得在唸書，而是將大半的時間用來發呆或神遊。

雖然如此，平日不愛唸書的屬兔人，仍然有辦法靠著他們聰明的頭腦來應付小考，只不過當學習的東西到了某種程度之後，屬兔的人就會計窮了，考出來的成績也不盡理想，因此，最適合兔年出生的人的讀書方法還是腳踏實地的唸書。

*屬兔的人適合的名字

（一）由於兔子喜歡在洞穴中活動，所謂「狡兔有三窟」，因此，命名時適合有大、小「口」、「宀」、「冖」字根的字，有助其活動力。例如：只、味、同、哈、唯、四、容、宙、黃、宥。

（二）由於兔子是草食性動物，因此，命名時多以「豆」、「麥」、「禾」、「米」、「叔」、「稷」、「漆」、「粱」、「稻」等五穀雜糧之類的字，都是非常適合的。例如：豔、豎、麥、稠、稿、積、精、粒、黎，小、秀、麻、粉。

（三）因為兔子食素，因此，適合用以「艸」為部首的字。例如：莎、華、菁、葦、蕭、菊、蔣、花。

（四）由於卯屬木性，因此，用「木」字根的字，易讓兔子有同類的安全感。例如：東、果、樺、植、樸、末、業。

（五）由於兔子對於毛色非常的重視，因此，命名時以「系」、「采」、「示」、「衣」、「巾」、「彡」字根的字為主，具有增添其外表華麗之用。例如：紀、練、絢、彩、衫、莊、袁、縣、約、綠。

（六）由於兔子和豬、羊三者稱三合，所謂亥卯未三合，因此，命名時適合用「亥」、「未」字根的字，會有幫扶的作用。例如：聚、象、豪、義、祥、羨、豫。

（七）由於寅卯辰三會，因此，也適合用「寅」、「虎」字根的字，但對屬兔的人而言，虎自宜少用。例如：眼、獅、蘆、獻、豹。

*屬兔的人不適合的名字

（一）由於兔子是草食性動物，因此，應避免用「心」部首的字，因為，這代表肉食，對屬兔者而言，會有看得到卻吃不到的失落感。例如：忍、悠、息、慶、恬、悅、惟、愫。

（二）由於森林對兔子而言，是個充滿肉食性動物的危險之處，所謂弱肉強食物競天擇，處在林中的兔子很容易成為其他動物的口中美食，所以，命名時應避免用有「艮」、「山」、「林」字根的字。例如：崗、森、山。

（三）由於地支卯辰相害，所謂「玉兔逢龍雲裡去」，因此，需避免用「貝」、「辰」、「龍」字根的字。例如：穠、農、晨、宸。

（四）由於兔代表月兔，因此，遇到有「日」的字根會日月對沖，為了減少傷害應避免選用「陽」、「日」字根的字。例如：亦、昇、旭、晁、景、暉、晰。

（五）由於卯和酉對沖，因此，應避免用具有代表西方的字根，包括「西」、「雞」、「羽」、「金」、「几」、「酉」。例如：銀、鋼、錦、要、醍、羿、習、翔、鸞、凰、醫、翁。

（六）由於兔子是屬於小動物，若是用大來稱之，反而無福消受又害身體，因此，要避免用「冠」、「帝」、「君」、「王」、「大」字根的字。

（七）命名時特別要避免用「人」字根的字。例如：使、佳、俠、倫、偉、傑、士、修、但。

（八）另外，有兩個字不可用之，一個是「宇」，因為，字的下半部是「于」，也就是「我」的意思，我也是屬兔則會轉成「冤」字，變成受冤枉之意了。另一個是「安」，因為安的下半部是「女」，也就是「汝」的意思，具有屬兔本身之意，和宇一樣會有「冤」的意思，所以，必須避免用這兩字。

屬龍的特性

屬龍的人是工作狂，他們會為了工作而放棄各種約會，留在公司加班到凌晨對他們來說是家常便飯，即使沒有加班費他們依然會如此。

龍年出生的人工作運一向不錯，天生的意志力趨使他們努力達到目標，對事物的執著和不服輸讓他們年年奪得燦爛的業績；也是上司心中的左右手、公司中不可或缺的人才，更是別家公司年度挖角的人選。因此，屬龍的人常常比同階級的人爬昇得更快，他們所到之處也是排名前幾大的企業，薪水更是比一般人高，常讓人眼紅不已。

對於屬龍的人來說，要他們管人是一件累人累己的事情，沒有耐心的他們喜歡獨自工作，然後享受工作後的豐美成果，但如果要他們當起一個團體的頭頭，帶著大家向前衝，那麼他們的光采將會頓時失色不少。

屬龍的人無法與比他們笨的人共事，而別人也不懂這個屬龍的人心中到底在想什麼？要一個龍年出生的人當主管，很容易造成雞同鴨講的情形，到最後，你會看到這位屬龍的人攬下所有的工作，而他的屬下則不曉得該做什麼好？如此一來將會令屬龍的人更覺得疲累，倒不如讓他單打獨鬥的好。

在考試方面，屬龍的人只喜歡唸他們想唸的，否則就算用打的用罵的，他們也不理你。龍年出生的人一向很有自己的主見，他們認為一般學科只要分數過得去就好了，填鴨式的教學是他們最厭惡的方式，唯有愈現代化、科技化的東西，才能吸引他。

＊屬龍的人適合的名字

（一）由於龍是飛行於天際之間，與日、月、星、辰為伍，因此，命名時適合用「星」、「辰」、「雲」字根的字。例如：雯、霏、霖、騰、濃、振。

（二）由於龍在中國人的心目中，具有很重要的地位，應選用具有發號司令的字，包括「大」、「主」、「長」、「君」、「王」、「令」、「帝」字根的字。例如：夫、天、太、旺、奚、珍、琵、瑤、璞、瓊、瓏。

（三）由於龍喜歡得明珠，其中又以日、月為最，因此，選用有「日」、「月」字根的字，具有增加內心世界的充實之感。例如：早、昌、昱、晨、暖、書、期、朝、望、朗。

（四）由於龍是雨神，負責掌管江河之水，因此，若選用以「水」為字根的字，則具有適得其所的助益。例如：江、法、海、湯、注、泉、泳、湊、湘、濟。

（五）由於申子辰三合，因此，選用以「袁」、「申」、「爰」字根的字，則能對運勢有所幫助。例如：媛、袁、坤、紳。

（六）由於地支申子辰三合，因此，命名時選用「癶」、「子」、「壬」字根的字，也是會對運勢幫助之用。例如：李、存、孝、孟、學、壬。

（七）所謂「龍馬精神」，是具有積極進取的幹勁，因此，命名時非常適合用「午」、「馬」字根的字。例如：駐、駿、騫、騰、驂。

（八）由於龍喜歡抬頭飛翔，因此，適合用「𠫓」、「亠」字根的字，具有教化人民，並且展露其威的功用。例如：真、有、青、育、存。

＊屬龍的人不適合的名字

（一）由於龍不喜歡在洞穴活動，因此，要避免用「宀」字根的字，否則會有王見王的意味，易造成自己或他人的傷害。例如：宮、字、定、宛、實。

（二）由於龍不喜歡在草叢中，因此，要避免用「艸」部首的字，不然，會有龍困淺灘的意味，對屬龍者的發展有所害。例如：茵、符、薰、范、蓁。

（三）另外，有小「口」之字也要避免，因為，和上者相同有「困龍」之害。例如：唐、吳、和、嚴、喜、吉、司。

（四）由於龍不喜歡下田，因此，命名時要避免用「田」部首的字，否則會有將之降格的意味。例如：迪、戰、畢、疆、專、單。

（五）由於龍是不食人間煙火的，因此，命名時要避免用「肉」、「心」、「忄」字根的字，因為這些字都是有肉的意思，對於龍而言都是一種浪費。例如：慕、應、必、恕、懿、恩。

（六）有些字根的字的使用會有降格的情況，包括「弓」、「巳」、「邑」、「川」、「几」、「廴」、「辶」，這些字根的字都會有由大變小造成低地位之害。例如：強、弼、彎、巴、選、邱、郭、都、州、巢、兄、克、先、遠、邁、遷、建、延。

（七）另外，有些字根的字也會有降格的味道，包括「小」、「少」、「臣」、

「人」、「相」、「士」，這些讓龍降格為人、士、臣的字，會造成氣勢的減弱，從尊變卑。例如：尖、就、尚、藏、臨、壯、壹、濤。

（八）由於山算是老虎的家鄉，而「艮」卦也是屬於山的意思，因此，需避免用「丘」、「寅」、「山」、「艮」、「虍」字根的字，否則會有犯上的忌諱。例如：岳、演、岩、島、崔、嵐、艱、良、處、號。

（九）所謂龍虎之爭必有所傷，因此，命名時要避免用「虫」字的字。例如：蟬、融、蜀、虹、蝶。

（十）由於辰和戌正沖，因此，要避免用「犬」、「犭」、「戌」字根的字，否則會有大災害發生。例如：威、獄、猛、狀、獅、國、茂、成、晟。

（十一）因為地支卯辰相害，因此要避免用「兔」、「卯」字根的字，所謂「玉兔見龍，雲裡去」。例如：勉、逸、菟、迎、仰、卿。

（十二）由於辰戌丑未構成了所謂的天羅地網，因此，避免用「羊」部首的字，否則會有所犯。例如：義、姜、羨、養、羚、群。

屬蛇的特性

當一位屬蛇的人到公司應徵時，他們那種文靜中帶著些許不安的態度常令面試的主管留下深刻的印象。

的確，屬蛇的人比較小心，對於陌生的環境或陌生人總是先戴上一副保護眼鏡，這樣的個性往往與他們被錄用與否有關。如果你屬蛇，又恰好多次面試卻沒有被通知，那麼就要先收藏起你那不安的態度，以免嚇到別人。

只要有第二次面試的機會，那麼屬蛇的人被錄取的機率就很大。

蛇年出生的人需要一個緩衝期，一旦他們習慣新環境之後，他們將是最好接近的人。天生樂於助人的同情心加上有禮貌的態度，屬蛇的人在公司中具有不錯的人緣，而他們舉一反三的靈活頭腦，以及願意傾聽別人心聲的耐心，也極適合從事心理輔導、顧問方面的工作。

在考試方面，屬蛇的人恐怕是十二生肖中最不排斥考試的生肖了，他們視考試為挑戰，喜歡享受「不怎麼努力唸書就能考出好成績」的感覺，只不過，平日不愛做筆記的他們，當大考來臨時可就頭痛了；而有些屬蛇的人因為頭腦太好，反而有作弊的喜好，這一點更不足以稱讚。建議屬蛇的人還是別太仗著自己的聰明，以為隨便唸唸就能考出好成績，否則一遇上重大考試時，想抱佛腳已經太晚了。

＊屬蛇的人適合的名字

（一）由於蛇習慣於洞穴中活動，因此用「宀」、「穴」、「口」字首的字，對於屬蛇者而言，等於是坐擁江山悠遊自若，如：冠、宏、宮、寬、因、含、句、啞、喬、園。

（二）蛇也喜歡在有多洞穴的田裡活動，因此，命名時用「田」字根的字，具有多處藏身之優勢。例如：畫、界、思、單、壘、番、當、專、迪。

（三）因為地支巳酉丑三合，「巳」是雞的意思，「丑」是牛的意思，若用這兩字根之字，必對屬蛇者的運勢有很大的幫助。例如：習、飛、鵑、鶯、金、特、翡、隆、物、生。

（四）由於地支巳午未是屬三會，因此，選用字根為「馬」、「羊」的字，對運勢具有幫扶的力量。例如：驪、南、駒、騰、祥、妹、義、喜、美。

（五）我們稱蛇又叫小龍，因此，命名時用「夕」、「小」、「少」、「士」、「臣」字根的字，非常的妥當。例如：夠、夜、爾、尚、壹、賢、壬。

（六）由於蛇是葷食動物，因此，選用「月」、「心」、「忄」字根的字，都頗合適。例如：股、脈、胥、悠、慧、懿、恭、悅、悟、愉。

（七）蛇偏愛往樹上攀爬，因此，用有「木」字根的字，具有升格為龍的意味。例如：桐、楚、杰、楓、機、格、樊、本。

（八）讓蛇升格為龍的方式還有披彩衣，所以，可用「巾」、「糸」、「示」、「衣」、「采」、「彡」字根的字，都有升格之作用。例如：帆、師、希、紫、繼、納、彥、形、彤、級、祿、禪、祝、製、裳、釋。

（九）有些字根像蛇形，包括「邑」、「巳」、「弓」、「几」、「虫」、「廴」、「辵」、「辶」，都非常適合用於名字中。例如：部、郭、鄭、巴、乙、兆、克、充、兄、夏、凰、弦、疆、通、還、巡、延、建。

＊屬蛇的人不適合的名字

（一）由於蛇多半在樹蔭下或是洞穴中活動，很少在日光下以免烤焦蛇身，因此，命名時要避免用「日」部首的字。例如：旨、晃、春、昊、曆、智、昌。

（二）由於人類的習慣，是見蛇便喊打，因此，人是蛇的敵人之一，在命名時也要避免用「人」部首的字。例如：健、何、佳、優、仰、今、仙、俏、備、俠、倉。

（三）所謂「打草驚蛇」，即是在說明蛇在草叢中活動的辛苦，不但要受到風吹雨打，更是容易被人發現，因此，命名時要避免用「艸」部首的字。例如：薛、草、芽、蘊、藏、菊、芬、茜、蕊、蘇、茶、茂。

（四）由於地支巳亥對沖，所以要避免用「亥」字根的字。例如：豫、家、眾、朱、象。

（五）由於地支巳寅相刑，所謂「蛇欲猛虎似刀戳」，因此，必須避免用「虎」部字首和「山」字根的字。例如：虞、虔、處、號、仙、山、崢。

（六）由於蛇的地支是屬於火，所謂「水火不容」，因此，要避免用「水」、「子」

字根的字。例如：氾、波、決、游、淵、港、季、存、孫。

（七）蛇是喜歡吃青蛙肉的葷食動物，所以，對於五穀雜糧類的字根，包括「禾」、「豆」、「米」要儘量避免，否則會容易產生像看到食物卻不是自己喜歡吃的痛苦，內心會經常有失落感發生。例如：秋、科、穆、秀、豐、豎、黎、精。

屬馬的特性

馬年出生的人愛好自由，有著無比的行動力，對於執行業務頗有一套，是事業上的好夥伴。

屬馬的人即使在工作上遇到困難，也不輕易喊苦。公司中若有屬馬的人，常可見他們東走走、西跑跑，熱心地問同事們是否有事需要幫忙；因為對於屬馬的人來說，閒來無事也是件很痛苦的事，如果有人把他們一人當兩人用，他們也不會有多大怨言。

正因為這種腳踏實地又忠心的個性，屬馬的人在公司常被視為不可缺少的大將。不過，屬馬的人是否能夠持續打拚，端看他們的身體狀況如何，一旦生病了，屬馬的人就會變成一匹懶馬，什麼事都不想做，連動都懶得動，唯有他們精力充沛時，才能顯現出厲害的一面。

對於屬馬的人來說，只要公司制度還不錯，同事相處也融洽，自由度高的業務工作是不錯的選擇。不過，很多馬年出生的人並不愛應酬，因此屬馬的人在尋找工作時最好問清楚工作性質。

又，馬年出生的人比較容易因為一點小成就而自得意滿，也喜歡不知不覺中對別人挑剔，需要多留意。

在課業方面，屬馬的人總有自己的意見，如果他們不喜歡，再怎麼逼也沒有用，相對的，只要讓馬年出生的人接觸他們感興趣的事物，他們考出來的成績絕對令人刮目相看。

＊屬馬的人適合的名字

（一）由於馬是屬於草食性動物，因此，命名時用「艸」部首的字，具有充實內心世界和豐盛糧食的作用。例如：芙、荀、茜、蓮、蕎、蘋、茵。

（二）除了食草外，五穀雜糧對馬也很有幫助，包括「粟」、「稷」、「麥」、「豆」、「粱」、「禾」、「叔」字根的字，對屬馬者都很適合。例如：稞、秦、秋、稼、穎、豐、豔、穀、秀、秒、穠。

（三）由於馬是生活在森林中的動物，因此，命名時可選用「木」部首的字，具有增加行動力之效。例如：村、楊、楨、松、東、機、杉。

（四）由於只有良馬才有可能披上彩衣，因此，屬馬者適合在名字中用「衣」、「巾」、「系」、「彡」部首的字。例如：裝、裕、裘、形、彤、彬、彰、絜、維、緻、純、紀、紫。

（五）若是有洞穴或屋簷的地方，對馬而言則表示有可遮風避雨的安全感，因此，適合選用「宀」字形的字。例如：寶、宥、家、宏、守、寬。

（六）所謂「龍馬精神」，因此，選用「龍」形的字，能增加活力、幹勁，無論在學業或做事上都容易成功。例如：農、穠、辰、龍。

（七）若希望擁有美麗的外表和極佳的人緣，則可以選用「目」部首的字，表示能有雙大眼睛，並具有較多的異性貴人。例如：直、縣、盼、真、睦、眉。

＊屬馬的人不適合的名字

（一）雖然馬是適合奔跑的動物，但是，若是使其在山路中奔跑，反而會是一件過份辛苦的事，因此，應避免用「山」字根的字。例如：崑、崎、峽、崙、岱、岌、峭、崧。

（二）由於馬是草食性動物，因此，命名時要避免代表葷食的字，包括以「心」為部首的字。例如：恆、恰、性、慷、悠、慶、想、慈、感、必。

（三）馬的種類多以等級來區分，只有下等的劣馬才會下田耕種，因此，要避免用「田」字根的字。例如：異、畸、留、町、畫、勇、由、當、單。

（四）所謂一馬不可以跨雙鞍，因此，不適合用「彳」字根的字，否則會有對感情不忠貞或是太過濫情為情所苦之害。例如：得、徐、復、徒、徹、微。

（五）所謂「自古青牛遇白馬，不戰而跑」，因此，命名時要避免用「丑」、「牛」字根的字，否則會影響運勢的發展。例如：星、產、造、牽、特、牢、牧。

（六）由於馬怕騎，因此，不適合用「其」、「奇」字義的字。例如：琪、棋、齊、期、碁、崎、綺。

（七）由於馬吃草不吃米糧，因此，要避免用「米」字根的字，否則會有無飽足感之害。例如：粉、粒、粲、粹、精。

（八）由於馬是屬於火性，所謂「水火不容」，因此，命名時要避免用「北」、

「壬」、「子」、「氵」、「癸」、「氵」字根的字，否則相沖易造成傷害。例如：學、燕、冰、汕、汪、油、泉、泰、深、渙、宇、孟、冬。

（九）所謂兩口馬會形成一個罵字，因此，命名時不適合有兩個口，否則禍從口出，易多是非而影響運勢。例如：喬、啟、單、嘉、咖、品、呂、器。

屬羊的特性

即使沒有老師在一旁監督，仍然努力用功地唸著書；即使老闆出國不在公司，仍然會盡心盡力的守本份——這就是屬羊的人最大的特質。

羊年出生的人秉持著公平公正的原則做事，對於例行工作也不感無聊。在公司裏，屬羊的人往往是受人信賴的，他們不願意為了討好某人而刻意做表面功夫，他們也不願意拿一些虛假數字讓報告看起來美美的。如果你以為送個東西給屬羊的人，就能夠讓你的考績變好，那可就大錯特錯了，這位羊年出生的人對於送禮可是敬謝不敏，你不但得不到好處，反而會讓他看不起你。

屬羊人的運勢是非常平穩而緩慢上升的，按部就班的他們適合在大企業或公家機關任職，一待就是數十年也不會輕易換工作，可說是愈老愈有福運的生肖。

由於羊年出生的人個性太過正直，甚至不惜挺身而出糾正上司的缺點，如果遇到肚量不夠的主管，可就比較難過日子了，建議屬羊的人不要那麼的是非分明，別人的事不要插手管，會讓人生過得更快樂。

在考試方面，屬羊的人頭腦雖然不見得聰明，卻是「憨直」型的人，別人背一次就記起來的東西，他們即使背好幾次才記得也不會抱怨，是屬於那種放學後會自動自發唸書的小孩。

一般來說，羊年出生的人考試運都還不錯，或許正是因為「一分耕耘，一分收穫」，上天總是心疼用功的人！

＊屬羊的人適合的名字

（一）由於羊是屬於草食性動物，因此，選用「艸」部首的字頗為適合。例如：菌、萱、葛、蓉、藝、茁、芭。

（二）因為羊是素食動物，因此，選用「禾」、「米」、「叔」、「麥」、「稷」、「豆」等五穀雜糧之類字根的字，也是非常適合。例如：科、稟、稻、粹、粧、精、豎、艷、麩、穎、稼、積、豐。

（三）由於羊喜歡有休憩的地方，因此，命名時選用「口」、「宀」字根的字，則代表有洞穴可供休息。例如：各、和、司、合、后、唐、定、宙、寶、宏。

（四）由於羊是適合在森林中生活的，因此，命名時適合用「木」部首的字。例如：桓、杏、橙、檜、桐、本、樹。

（五）由於羊有跪乳的習慣，因此，選用「几」字根的字非常適合。例如：元、先、亮、乙、允、免。

（六）因為羊喜好跳躍奔馳，所以，選用「足」字根的字，則具有自得其樂的自在之特性。例如：跋、路、躍、跳、踴。

（七）若用三合或三會的字多有幫助，包括「卯」、「亥」、「蛇（巳）」、「馬（午）」字根的字。例如：仰、卿、迎、家、聚、稼、棟、丙、許、駿、過、適、邊、部、建、選。

＊屬羊的人不適合的名字

（一）由於羊是動物界中，最不喜歡喝水的，因此，命名時要避免用「北」、「子」、「水」、「亥」、「氵」字根的字，否則會影響新陳代謝，對身體健康有所妨害。例如：冬、汽、淡、溫、濁、求、洋、淇、穎、汪、消、港、湯。

（二）由於羊是屬於草食性動物，因此，要避免具有肉味的字，包括「月」、「心」、「忄」字根的字，否則容易有失落感的產生，對屬羊者而言易有情緒不穩的情況發生。例如：胞、胡、能、肯、恩、惠、悠、想、忘、仲、悌、特、愫。

（三）在中國的三牲之祭物中，羊也是其中一種，因此，命名時要避免用「示」部首的字，否則亦惹來殺身之禍。例如：祝、福、祥、禪、社、稟。

（四）由於在古代的習慣中，只要羊披上彩衣或加冠，就表示被供奉了，因此，命名時要避免類似之字，包括「衣」、「巾」、「糸」、「衤」、「彡」字根的字。例如：襄、裘、布、帥、常、幟、形、彩、彭、影。

（五）由於羊長大了，便容易被宰來當牲品，因此，要避免用「長」、「帝」、「大」、「君」、「王」字根的字，否則會使其一生都在為別人辛勞、奉獻。例如：夫、玲、瑄、琳、璞、瑰、奉、奏、奂、環、璟。

（六）有些字代表天羅地網，對屬羊者是一種威脅，包括「辰」、「未」、「戌」、「犬」、「丑」字根的字。例如：晨、穠、成、國、狐、猛、猶、獻、獨。

（七）有些對沖或相害的生肖，包括「牛」、「丑」、「鼠」、「子」、應避免用之，否則會造成傷害。例如：牢、物、特、隆、適、孔、字、季、學、孩、游、郭、享。

（八）還有一些字也是非常不適合屬羊的人，包括「車」、「刀」、「金」、「皿」、「酉」等。

屬猴的特性

屬猴的人頭腦靈活，聰明反應快，對於機械性工作無法適應。活潑好動是猴年出生者的一大特色，他們對自己頗有信心，內心老是存在又大又華麗的計劃，不喜歡朝九晚五的辦公室生活，使得他們很早就蠢蠢欲動，想要自己開店。一旦他們真的如此做了，就會發現事實與想像的不同。由於屬猴的人比較重視外在而忽略內在，也缺乏決斷力，花了大筆錢經營一個店的結果往往是支出大於收入，這是很可惜的。建議猴年出生的你若是想揮灑自己的夢想，不妨多累積實力和知識，「人生有夢、築夢踏實」最適合當做猴年出生的人的座右銘。

對屬猴的人來說，考試並非難事，很多猴年出生的人常常利用考前幾分鐘的時間看書，就能考得不錯，加上他們懂得變通，一般人頭痛的數理科對他們來說反而比死背的文科容易，因此，屬猴的人考出來的成績雖不見得特好，但也不會落於人後。

＊屬猴的人適合的名字

（一）由於猴子是生活在森林間，因此，命名時適合用「木」部首的字，代表著是得其所悠遊自在的意味。例如：杏、柏、果、檜、棠、桃、樣、柱。

（二）由於猴子生性好動，特別喜歡在洞穴中休息，因此，命名時頗適合用「冖」、「宀」、「口」字根的字。例如：它、宗、宮、密、安、冠、吳、含、員、哲。

（三）猴子喜歡穿戴華麗衣飾，具有人模人樣之效，並提高其地位，因此，適合用「系」、「示」、「衣」、「巾」、「采」、「多」字根的字。例如：絲、經、總、紡、祝、祿、禮、表、襄、帆、席、沛、彰、彥、影。

（四）由於猴子喜歡模仿人的一言一行，因此，命名時頗適合用「言」、「人」的字根的字。例如：試、誠、議、讚、記、以、企、休、傑、保、仍。

（五）由於三合力量很大，因此，命名時能多用「水」、「子」、「辰」、「氵」字形的字，很能產生很大的幫助。例如：永、汐、汝、沙、津、李、學、孺、農、麗、麒、濤、淵。

（六）猴子喜歡稱王，因此，可選用「王」字根的字，但是，稱王的過程是必須身經百戰，又容易易主，所付出的代價也不少，所以命名也必須多加考慮。例如：理、珊、瓏、瑀、瑞、璽、玉、珍、環。

＊屬猴的人不適合的名字

（一）由於猴子只會糟蹋五穀，因此，要避免用「米」、「禾」、「田」、「麥」、「稷」、「穀」字根的字，否則易養成浪費揮霍的惡習。例如：粗、粉、糧、種、稱、穗、秉、畫、留、當、番、疇。

（二）所謂「豬遇猿猴似箭頭」，因此，命名時要避免用「豕」字根的字，否則因地支六害的原因，很容易造成傷害。例如：貌、象、緣、豹、家。

（三）由於寅申對沖，因此，要避免用虎字形的字，否則對屬猴者有所不利。例如：豹、號、彪、虛、獅、盧。

（四）由於五行中，兩金相距很容易產生刑剋，因此，要避免用「月」、「酉」、「金」、「西」、「鳥」、「兌」、「皿」字根的字，否則容易產生兇災。例如：鈔、銘、錢、鍛、鏞、盤、爐、監、配、鄭、鸚、鶴、鴻、鴛。

（五）另外還有些字不適合用。例如：皮、君、將、口、力、刀。

屬雞的特性

賺錢和花錢一樣快的屬雞人雖然重視外表，對於工作卻絲毫不馬虎，他們常是公司中最賣力的一群，令老闆不注意都不行。

屬雞的人若想成功，最好從自己個性中的優點著手。大體說來，屬雞的人愛說話，也擅長聽別人說話，加上他們靜不下來，喜歡東跑西跑，因此，業務方面的工作將可以讓雞年出生的人大展所長。

在前往成功的路上，屬雞者必須特別小心愛嘮叨的特點，尤其當主管的人，更不宜監控部屬，也不要囉嗦，免得部屬受不了而跳槽，對你來說也是一項損失。

另一項值得留意的是：雞年出生的人較重物質，愛聽別人拍馬屁，看人也多半從外表看起，主觀又很重，常會被虛偽的人所騙，如果沒有多加注意，這些人將會成為屬雞人成功的絆腳石。

在考試方面，雞年出生的人考運還不差，但由於喜歡耍小聰明，加上不容易專心，唸書唸到一半就會去做別的事情，或是東摸摸、西摸摸，等到該唸書時已經是深更半夜了。建議屬雞的人改變唸書的環境，不要有床、電話、雜誌……等雜物影響你的注意力，將會考出更好的成績。

*屬雞的人適合的名字

（一）由於雞原本是在樹上生活的，因此，命名實用「木」、「山」字根的字，具有安詳自在的優點，並且具有提升地位之效。例如：果、嵋、榮、業、柏、棠、岸、岱、岦、岳。

（二）所謂「金雞獨立」，具有身體健康的意味，因此，可多用這類的字形。例如：中、平、華、市、彰。

（三）若住所有洞穴或屋簷，則表示具有保護作用，因此，命名適合用「冖」、「宀」字根的字。例如：宇、定、安、守、宣、宜、寂、宋。

（四）由於雞是食五穀雜糧的動物，具有整天都在覓食的習性，因此，適合用「粟」、「米」、「禾」、「麥」、「豆」、「粱」字根的字，對屬雞的人而言，能有飽滿充實的內在精神世界。例如：艷、程、積、科、豈、秩、豊、燦。

（五）由於雞是有毛的動物，因此，適合用「采」、「癶」、「彡」字形的字，其作用就像有個漂亮的雞冠，使其外表亮麗迷人，尤其能增加屬雞的人的人緣。例如：釋、彩、彥、彬、彰、形、影。

（六）由於雞、蛇和牛有三合的作用，因此，命名時頗適合用「丑」、「酉」、「巳」字根的字，對其運勢非常有幫助。例如：物、特、產、返、道、運、選、巡、造。

（七）由於雞要長得小才可愛，若長大了就很容易成為桌上美食，因此，命名時適合用「小」字形的字，另外，用「士」、「士」、「吉」字形的字，具有能抬頭闊步的意味，表示其健康情況非常好。

＊屬雞的人不適合的名字

（一）由於酉卯對沖，因此，命名時要避免用「卯」、「兔」、「東」、「月」字形的字，否則，一旦犯上了，很容易造成傷害，對屬雞的人來說最常見的就是常生病。例如：東、陳、仰、柳、朋、清、有、勝、期、本。

（二）由於雞一旦長大了，便很容易成為拜拜的祭品，因此，要避免用「王」、「大」、「帝」、「君」字形的字，否則易有一輩子都在為他人犧牲奉獻的命運。例如：珊、球、瑟、瑀、璞、瑛、瑪、奎、奘、奮、群。

（三）由於雞是素食動物，因此，要避免具有肉意的字，包括「月」、「心」、「忄」字形的字，否則容易造成屬雞的人有失落感產生。例如：肴、胡、脩、育、應、慈、憲、思、恭、忍、忠、懷、恆、悔、情。

（四）由於地支酉和戌是六害，因此，要避免用「犬」、「犭」字形的字，不然，雞遇到狗會有雞犬不寧的傷害發生，例如：狀、獻、猛、獨、狄。

（五）由於雞是屬於酉金，因此要避免用「金」字形的字，包括「西」、「秋」、「兌」、「申」、「酉」字根的字，否則雙金過重，很容易引起殺身之禍。例如：醍、配、鎮、鋒、鈴、銳、釧、鑑、秋。

（六）所謂「金雞獨立」是健康的最佳的表現，相反的，若雞的腳被分開則表示生病、不健康的意思，所以，命名時要避免字形腳分開的。例如：光、亮、共、克、形、文、充、免。

（七）所謂好管閒事者，易惹是生非，因此，命名時要避免用「口」字根的字，否則容易產生吃力不討好的傷害發生。例如：鋁、啟、喜、容、權、高、器。

（八）另外，對於屬雞的人還有一些字要避諱的，包括：「人」、「北」、「刀」、「子」、「力」、「血」、「示」、「水」、「手」、「亥」、「系」、「石」、「氵」、「虎」、「氵」字形的字。

屬狗的特性

狗年出生的人觀察力敏銳，又有一定的忠誠道德感，是值得培育的人才。

屬狗的人若想要成功，光靠上述幾項優點是不夠的。屬狗的人雖然守信用重道義，又有自己的想法，卻缺乏行動執行力，因此，想成大業的屬狗人必須找到瞭解他們、扶助他們的伯樂，成功的機率才會比較大。

許多狗年出生的人平日溫和有禮，一旦發起脾氣來可是暴躁得很，常令人無法置信，如同不定時炸彈的個性是屬狗的人在人際關係和事業上的一大致命傷，加上溝通能力不強，又有點依賴部屬，若當上管理階層，常會有部下不聽話的無力感。其實，只要屬狗的你多一點包容，學習獨立，不要什麼事都仰賴部屬幫你做，並適時的展現出自己的能力，那麼你就不會覺得管理是一件很痛苦的事。

由於屬狗的人特別講信用，日子一久在商場上會很吃香，大家都樂意與你談生意，對你來說是一件好事。唯要小心的是，由於你太容易相信別人，一旦遇到想要訛詐你的奸商時，很難看清楚事情的真相，因此你需要一位值得信任的左右手或顧問來協助。

在十二生肖中，屬狗的人若能在年輕時遇到伯樂，將會年少有成。如果沒有這麼好的運氣也不用擔心，狗年出生的人升職的機會不少，晚運也不錯，只要人生看得開，沒什麼值得憂慮的！

狗年出生的人記憶好、學習能力佳，向學的他們總能從容的應付考試，在群體之中，屬狗的人或許不是前十名，但也不會是後五名，他們的成績總保持在中等水平。對於屬狗的人來說，唯有按部就班的唸書才能擁有好成績，偷吃步是行不通的！

＊屬狗的人適合的名字

（一）狗是人類最忠實的動物，因此，命名時用「人」、「亻」字形的字，具有忠於主人的意味，對屬狗的人無論是愛情或是事業都很有幫助。例如：企、信、值、仙、偉、仰、佩、位、優。

（二）由於寅午戌是三合，因此，選用「午」、「馬」字形的字，對運勢很有幫助。例如：駐、驤、篤、騏、騰、竹。

（三）若為了要增加威勢的話，則可選用「巾」、「系」、「衣」、「彡」字根的字，因為狗披上彩衣，便會有虎風的味道。例如：席、師、常、綠、經、絢、約、素、長、彭、衫、莊、彪、彤、彥。

（四）由於狗喜歡肉類食物，因此，命名時選用「月」、「心」、「忄」的字形的字，具有生活優渥，衣食無缺的優勢。例如：有、青、育、忠、思、必、恩、恭、忙、恆、忻。

（五）狗也有分家狗和野狗，因此，命名時選用「入」、「冖」、「宀」字根的字，表示家庭內的狗，命運當然較外面的流浪狗好。例如：公、全、內、密、宙、宜、守、字、冠。

（六）就常理來說，小狗比大狗來的可愛，因此，非常適合選用「臣」、「小」、「少」、「士」字形的字。

*屬狗的人不適合的名字

（一）有句俗語說「狗吠日」，可看出只要見到太陽出來，狗都有亂吠個兩聲的壞習慣，因此，要避免「日」部首的字，否則很容易因為愛管閒事而造成無謂的傷害。例如：晶、昌、旨、昇、星、春、景、智。

（二）由於狗的最大犧牲就是忠誠，因此，名字中若有兩個人的字必須避免之，否則，要一隻狗侍奉多人，則會有不忠心的情形發生。例如：律、德、徹、仁、從、欽、徐。

（三）古時候有句話說：「金雞遇犬淚雙流」，因此，命名時要避免有雞之形的字，包括「西」、「羽」、「兌」、「雞」、「酉」、「兆」、「鳥」字根的字。例如：酷、醫、耀、翡、翰、酋。

（四）由於狗是屬戌，因此，命名時不適合用「羊」、「未」字形的字，否則不利於各方面的發展。例如：羨、未、善、群、美。

（五）由於狗是屬戌土，因此會剋土的木要儘量避免，否則會有能力無法發揮的情形發生。例如：校、李、棟、榮、果、楚、機、權、杖、格、梅、樂。

（六）由於龍狗對沖，所以，命名時要避免用「辰」、「貝」字根的字，否則容易產生傷害。例如：儂、穠、婁、真、責、貴、賦、賴、貽。

（七）由於水會剋土，因此，要避免用「子」、「北」、「水」、「亥」、「氵」、「冫」字形的字，否則會有漏財或精神不濟的情況發生。

（八）由於狗是葷食動物，尤其特別喜歡吃肉，因此，字形有「麥」、「米」、「粱」、「稷」、「禾」字形的字，可儘量避免選用，不然有種食之無味，棄之可惜的遺憾。

（九）由於狗在田間沒有任何的作用，反而會踐踏五穀，因此，要避免用「填」的字形的字，否則會有浪費的惡習產生。例如：異、疆、申、界、留、疇、疊。

（十）由於狗都有地域私有的習性，因此，一塊土地上若同時有兩隻狗，則很容易引起紛爭，所以要避免用「犬」部首的字。例如：猶、篩、獨、狀、狐、猛。

（十一）所謂「白雲蒼狗」，因此，要避免「雲」、「雨」字形的字，否則對屬狗者非常不利。

（十二）對屬狗的人還有個忌諱，即是要避免用「口」字根的字，若姓名中加起來有一口，所謂「吠」，則容易因多管閒事而引起災禍，若是有二口，具有「哭」的意味，對運勢非常不利。如果有三口則會成為「瘋狗」，情況更糟。

（十三）狗最怕的動物是熊，就像是食物鏈般，光是聽到熊的聲音，就足以讓狗兒腳軟，因此，命名時要避免用之，尤其是姓熊者，最好不要在狗年生小孩，否則小孩容易生病。

屬豬的特性

屬豬的人一生成功的機會不少，但大都是中年有成，屬於走晚運型。

對於名利看得較輕，豬年出生者不好與人爭奪權位，很多出社會五年十年的屬豬人，仍然堅守他們原本的崗位而沒有跳槽，一方面是因為他們不喜歡變動，一方面是豬年出生的人在年輕時比較沒有被人挖角的機會，必須等到一定的年紀，當實力愈來愈深厚時，才會受人重視。

在成功的路上，豬年出生的人必須加強兩個部分：一是培養決斷力，一是不鑽牛角尖。

很多屬豬的人在做決策時，常常不知道該如何是好，一個方案拖個好幾天還不能決定，猶豫不決加上鑽牛角尖的個性，常會影響整體的成效。

如果一位豬年出生的人想自己開公司，建議你往文化藝術方面發展，如此比較適合你不喜變動的個性，而且也可以減少你應酬、應付人際關係的機會，畢竟許多屬豬的人都不喜歡虛偽言詞，也不能忍受應酬場面，因此還是開創可以自己掌握的公司比較恰當。

屬豬的人平日生活看似慵懶，一旦工作起來，他們可會卯足勁來打拚，記得，工作雖然重要，但也不能忽略身體健康！

在考試方面，屬豬的人一下子好、一下子壞的成績常令人跌破眼鏡，其實這是因為豬年出生的人喜歡新鮮感，對於沒有接觸過的事物，他們往往會下很多的功夫；一旦遇上困難或覺得不新鮮了，他們就會興趣缺缺，而唸書這件事並非豬年出生的人最大的興趣，總是虎頭蛇尾，唸不出太好的成績，建議屬豬的人多想想未來，體會唸書的意義，才有機會提升成績。

*屬豬的人適合的名字

(一)由於豬最喜歡吃米飯雜糧及豆餅之類的食物，因此，選用「米」、「豆」、「禾」字根的字，具有一輩子不愁吃穿的助益。例如：精、糙、粲、豈、豐、豎、穀、蘇、稷。

(二)由於豬是大家認為非常愛吃動物，因此，命名時選用「口」的字形，能擁有一生的口福之慾。例如：回、名、呂、告、哈、啟、商。

（三）一般而言，被飼養的豬命會比較好，因此，選用「八」、「入」、「宀」，「宀」這些具有家的感覺之字形的字，都非常的適合。例如：宋、安、全、富、寬、宙。

（四）若想讓屬豬的人能逍遙自由，則可以選用「田」字根的字，表示處在田中的豬可食五穀，能豐衣食足。例如：東、甲、當、畢、留。

（五）由於豬是屬於亥水，所謂金能生水，因此，選用「金」字旁的字非常的好，具有幫扶之效。例如：鈕、鋒、鈿、鐘、銳、銘、錘、鈴。

（六）由於亥卯未三合，因此，命名時可多選用「卯」、「未」字根的字，具有一輩子多有貴人相助，並且子孫孝順夫妻和睦的助益。例如：柳、卿、義、善、羨。

（七）由於亥子丑三會於北方之水，所以，選用「丑」、「北」、「坎」、「氵」、「氵」、「子」、「牛」、「牛」字根的字，對於運勢會有很大的幫助。例如：孟、字、季、江、沐、治、泰、泉、深、渺、游、溫、牡、特。

（八）由於亥卯未是三合，而卯兔於東方，東方屬木，因此，可選用「木」部首的字，具有如同豬於樹下休憩，得到適當的休息。

*屬豬的人不適合的名字

（一）由於豬最怕的就是成為供桌上的祭品，因此，命名時要避免用「示」字根的字。例如：票、祟、祝、祈、禎、禧、禁。

（二）具有將豬擺上供桌的字還有「巾」、「系」、「示」、「衣」、「彡」字根的字，像是幫豬穿上華麗的彩裝，無疑的，就是要成為拜拜的牲品了，所以要避免用，否則，對屬豬的人容易有只為別人犧牲奉獻，付出的多過於得到的命運。例如：紅、約、結、絢、希、帝、席、彰、影、彩、裘、表。

（三）所謂「豬碰猿猴，必如箭頭」，所以要避免有猴的字形，包括「爰」、「申」、「侯」、「袁」字根的字，否則容易有身體、感情受到傷害的情況發生。例如：遠、琨、伸、媛、紳。

（四）在民間祭拜的祭品中，豬也算是三牲之一，因此，豬最怕的就是過大過肥，很容易會成為供桌上的牲品之一，所以，命名時要避免用「大」、「長」、「王」、「君」、「帝」字根的字，象徵一輩子都要為別人辛苦奔波，除非是從事義工服務或是慈善事業，否則，要是想在物質和金錢上追求，較會遇到挫折和痛苦。例如：天、奇、奚、君、將、主、帥、玲、理、瑪、瑄、琴、璞。

（五）由於豬和蛇會六沖，很容易造成災害，因此，要避免用「巳」、「弓」、「一」、「邑」、「乙」、「阜」、「川」、「廴」、「辶」字根的字，否則對於身體健康、金錢財富和事業都有不良的影響。例如：向、妃、楓、強、張、發、三、之、也、郁、鄔、郭、州、蛾、蝶、造、逢、進、巡、迪、建。

（六）所謂「三腳豬，殺無肉」，即表示這樣的豬沒辦法站穩，而一隻無法站好的豬是沒有能力和其他的豬競爭的，當然也就不健康，長不出什麼肉了，因此，要避免用腳會分開的字，例如：賞、貴、賓、贊、賢。

（七）另外，還有一些字是對屬豬的人非常不利的，包括「刀」、「血」、「皮」、「上」、「石」、「力」、「几」字根的字，要儘量避免用。

肆

由姓名總格數來個別分析個性（僅供參考）

一劃

總格 男：有樂於助人之心，性格堅忍，待人寬厚，因此深得同事及朋友的信任，遇障礙能積極克服困難，極有希望自創事業。（財運被剋洩者例外）

女：個性謙和有涵養，婚後能助配偶，也就是有「幫夫」之相，自己創業也能打出一片天。但地格凶或無力者，較可能晚婚。

二劃

總格 男：個性極為叛逆，遇事極易堅持己見，一意孤行，對長輩的教誨是為反對而反對，因喜鑽牛角尖，因此耗費大，身體亦較為虛弱，若受天運五行生扶者，才能轉敗為勝。

女：個性是外柔內剛，遇事不易妥協，與配偶溝通不良，精神孤獨而苦悶。

三劃

總格 男：注重生活享受，外向而好熱鬧，工作上喜歡擔任領導者，不願受到上司的束縛，是個頭痛但能得到部屬晚輩的敬愛，對於名利看得很重。

女：這類的女性大都熱衷工作，而疏忽了家庭，工作能力及個性都很強，若婚姻格配置佳者，另一半能夠體諒配合，一生仍很幸福。

四劃

總格 男：雖有才華且工作努力，精神生活方面不安，但所作所為容易被人誤會或排斥，因此會有懷才不遇之憾。

女：常得罪人，個性過於剛直不夠委婉，而不知也常吃別人的悶虧，在人生的運程中高低起伏頗大。

五劃

總格 男：極易受別人的歡迎，為人穩重謙虛，想法新穎具創意，也因為如此不能長期安份於一個工作，格局佳時可順利成功發展，名利雙收。

女：戀愛運較早，婚後夫妻感情亦融洽，是典型的成功相夫教子之人。廿五劃者，個性倔強，夫妻少起爭吵。

六劃

總格 男：待人豪爽大方，一生常有意料之外的好運，但較愛面子，愛充場面，以致花錢較無節制。

女：大多賢淑能幹，且有配嫁貴夫的可能，婚後生活相當美滿，但婚姻格被剋則例外。

七劃

總格 男：個性急躁、剛強，做事恩怨分明，導致人際關係不是很和諧，行事多一意孤行，且易反覆變卦，所以成功失敗僅在一念之差。

女：事業心重於家庭，脾氣剛強，因而極易晚婚。婚後仍是職業婦女，是個樂在工作的人，若有財運配置又大運行旺運時，可成為女企業家。

八劃

總格 男：個性堅忍，具有突破困難的毅力，大都能按部就班取得最後的成功果實，但內在個性有些固執，行事容易陷入一意孤行的局面。

女：大都是精明能幹，不讓鬚眉者，適合自創事業，婚後也能與丈夫共創家業。

九劃

總格 男：理想高遠，但事業並不順利，因此精神苦悶、心情不佳，此格之人大都多才多藝，而運程的阻礙較多，大運受到生扶仍可成功發展。

女：常為家庭生活問題而辛苦，精神生活亦陷入操勞煩悶之境。

十劃

總格 男：不喜平靜的生活，喜歡追求投機而報酬率高的行業，但創業過程挫折較多，若財運配置佳及天運生助之大運期，仍可得到相當的發展。

女：大都理想高遠，而對現實生活不平不滿，因個性之故容易陷於孤獨無助、徬惶不安，天運有助則反吉。

總格十一劃

男：注重實際工作，性格堅忍，待人寬厚，深得親朋的信賴，遇困難能勇敢克服，適合自創事業。（財運被剋洩者例外，或大運被傷則徒勞而無功。）

女：具有幫夫運，大都賢淑端莊，即使創業亦能施展抱負。地格凶感無力者，極易晚婚。

總格十二劃

男：行事喜一意孤行，反抗心較強，常有不平不滿的感嘆，因喜多思多想，精神多勞累，身體亦較為虛弱，若受天運五行生扶者，反能轉敗為勝。

女：家庭婚姻不甚美滿，個性外柔內剛，精神上亦是孤獨欠安定，若人格屬陽火則可減輕此一傾向。

總格十三劃

男：外向而好活動，物質生活十分滿足，工作時衝勁十足，不願受到上司的約束，但能得到部屬及晚輩的敬愛，一般對名利看得很重，有財運配置者，財源甚佳。

女：工作能力及個性都傾向於男性化，熱衷於工作，而疏於照顧家庭、婚姻，有財運配置者，大都為女企業家型。

總格十四劃

男：雖有才華且努力進取，精神生活方面很苦悶，但所作所為大多事倍功半，又容易遭到別人的誤會與排斥，常有懷才不遇之嘆。

女：容易得罪別人，經常吃了暗虧，個性過於剛直，在人生的運程中常遭意外打擊，感情上亦多挫折。

十五劃

總格　男：受他人的歡迎，思想新穎多變化，為人穩重謙和，以致無法長期安守於一個工作，格局配置佳可得成功發展，且名利雙收。

女：戀愛運順利，婚後夫妻感情和睦，是榮夫益子之格，與人相處寬宏雅量。

十六劃

總格　男：待人豪爽大方，但較愛好面子，愛排場，花錢較無節制，一生常有意料之外的好運，此格若被天運五行剋害，則一生財來財去總是空。

女：大多賢淑能幹，且有配嫁貴夫的可能，婚後生活和樂美滿，但婚姻格被人格或天運五行剋制，則例外。

十七劃

總格　男：個性急又剛強，做事恩怨分明，以致人際關係較不和諧，凡事喜歡自己作主，不願接納別人的意見，做事反覆多變，所以成功失敗常在一念之間。

女：脾氣倔強，事業心重於家庭，因此極易晚婚，婚後仍是職業婦女，繼續在社會上打拼，若有財運配置又大運行旺運時，可成為女企業家。

十八劃

總格 男：大都能腳踏實地，具有突破困難的毅力，取得成功的果實。個性雖說是堅忍，其實心傾向於固執，很容易陷入一意孤行的局面。

女：大都精明能幹，能與男人並駕齊驅，自創事業，婚後也能幫助丈夫共創家業，但婚姻生活稍欠圓滿。

十九劃

總格 男：雖然理想高遠，但凡事少有成就，而使精神陷於苦悶中。此格之人大都多才多藝，但運程則多遇阻礙，若大運受到生扶仍可成功發展。

女：常為家庭生活而勞碌，精神生活方面亦常感操勞與空虛。

二十劃

總格 男：不甘於平靜的生活，喜做投機事業，但創業過程挫折較多，若財運配置佳及天運五行生助之大運期，仍可得到相當的發展。

女：大都理想高遠，對平日的生活常感不平不滿，因此容易陷於孤獨無助之中，天運有助則反吉。

廿一劃

總格 男：深得同事及朋友的信賴，性格堅忍待人寬厚，表面嚴肅其實內心仁慈，遇阻礙能勇敢克服困難。開創出屬於自己的事業（財運被剋洩者例外）。

女：個性努力而倔強，婚後有助夫之運，自己創業也有一番成就。但運程較為勞碌，地格凶或無力者極易晚婚。

廿二劃

總格

男：個性叛逆，堅持己見又一意孤行，精神生活多勞苦，而凡事少成。身體較為虛弱。若受天運五行生扶者，反能轉敗為勝。

女：精神孤獨而苦悶，個性外柔內剛，婚姻生活不太美滿，大都有筋骨酸痛之症。

廿三劃

總格

男：外向而好熱鬧，注重生活享受，工作上喜歡當頭，一心想當老闆，而不願受人約束，所幸能得到部屬晚輩的敬愛，名利心很重。

女：熱衷於工作而疏於照顧家庭，若婚姻格配置佳者，一生運程仍很幸福。

廿四劃

總格

男：所作所為能夠按部就班，於穩健中得到發展，精神生活平順，有才華肯努力。

女：講話坦白不懂委婉，個性過於直率，相處時間較久，才能得到別人的喜愛，精神及物質生活皆如意。

廿五劃

總格 男：喜歡由自己決定任何事情，有一意孤行的傾向。想法新穎多變化，較不能長期安份於一個工作。格局佳或大運財運被生扶時，成功率佳。

女：戀愛運尚佳，婚後在家喜歡掌權，凡事都以自己為中心，以致夫妻時起爭執。

廿六劃

總格 男：個性固執，是有理想的人，不畏困難能勇於突破，一生挫折較多，成敗常在一念之間。

女：精神孤獨而苦悶，個性外柔內剛，婚姻生活不太美滿，大都有筋骨酸痛之症。

廿七劃

總格 男：個性急又剛強，做事恩怨分明，以致人際關係不很和諧，做事大都一意孤行，甚至有些好高騖遠，常不滿於現實，所以成功失敗常在一念之間。

女：脾氣剛強，事業心重於家庭，因此婚姻極可能晚成，婚後仍是職業婦女，為自己的事業忙碌，若有財運配置又大運行旺運時，可成為女企業家。

廿八劃

總格 男：大都一意孤行，個性堅忍，具有突破困難的毅力，且我行我素，因內在個性過於固執，很容易因判斷錯誤而陷入困境。

女：能與男人並駕齊驅，自創事業，大都能幹而固執，婚後夫妻生活很難圓滿，若無財運配置，則一生徒勞而無功，而有命運不公平之嘆。

廿九劃

總格 男：具有遠大的理想，凡事努力不懈，憑毅力得到成功的發展，此格之人大都聰明才幹，運程也能順利，但大運受剋則中途易陷入困境。

女：個性傾於男性化，喜歡創業或參與丈夫的工作，若家庭運被剋，則夫妻一生爭吵不休。

三十劃

總格 男：不喜平靜淡泊的生活，喜歡從事冒險、投機的行業，創業過程挫折較多，若財運配置佳及天運生助之大運期，仍可得到相當不錯的發展。

女：大都理想高遠，以致生活上常處於不平不滿之中，容易陷於孤獨與無助而缺乏安全感，天運有助則反吉，此格異性緣佳。

三十一劃

總格 男：樂於助人，而深得同事及朋友的信賴，性格堅忍待人寬厚，面對困難勇於突破，能自創事業，財運被剋洩者則例外，大運被剋反有災。

女：具有謙和涵養的美德，婚後能助夫之運程，也適合自己創業。地格凶或無力者有晚婚之傾向。若是六、七、十六、十七等劃數之姓氏，此格大都無財運之配置。

三十二劃

總格 男：若有財運配置或大運被生扶，青少年時代環境佳，可得父母的餘蔭，物質生活安定無憂，但大運被剋洩者則無，且有意外之災病。

女：家庭生活美滿，精神清閒愉快，個性溫和善良，大運被剋則陷入勞苦不安。

三十三劃

總格 男：在工作上喜歡當頭，個性主觀好勝，衝勁十足，而不願受到上司的約束，但能得到部屬晚輩的敬愛，對名利看得很重。

女：大都忙於工作而疏於照顧家庭，工作能力及個性都很強，婚姻格佳者，一生幸福。

三十四劃

總格 男：雖有才華且努力進取，但一生的挫折較多，精神生活很不安，所作所為容易受到別人的誤會與排斥，常有懷才不遇之憾，有財運配置者及大運被生扶者，常有誤打誤中而成功者。

女：極易於無意中得罪別人，個性過於剛直，也常吃別人的暗虧，在人生的運程中必須經過多次不順利之遭遇，極可能陷入自暴自棄的境地。

三十五劃

總格 男：思想新穎多變，為人穩重謙虛，受到別人的歡迎，行事稍欠果斷力，格局佳時仍可得到成功發展，名利雙收。

女：此數戀愛運佳，婚後夫妻感情融洽，是榮夫益子之數。若被他格剋洩，則有反凶之靈意。

三十六劃

總格 男：待人雖豪爽大方，一生常有意料之外的打擊，但因過於愛面子，花錢浪費不知節制，常為金錢問題而操煩。

女：大多個性固執而倔強，婚後夫妻生活不甚圓滿，若婚姻格被沖剋，則有婚姻危機。

總格三十七劃

男：所幸人際關係還不錯，做事恩怨分明，個性剛強，有創業的毅力及突破萬難之勇氣，有財運配置成功很早。

女：事業心重於家庭，脾氣倔強，婚後仍是職業婦女，若有財運配置又大運行旺運時，可成為女企業家，無財運配置則為上班族。

總格三十八劃

男：做事腳踏實地，個性努力奮發，頭腦聰敏，堅持取得最後的功名，大運或財運被剋，則一生成功有限。

女：大都精明能幹，不讓鬚眉，能自創事業，婚後也能幫助丈夫共創家業，被剋害則徒勞而無功。

三十九劃

總格 男：此格之人大都多才多藝，理想高遠，能靠毅力一展自己的抱負，而運程亦有意料之外的發展，大運受到剋害則徒勞無功。

女：有男人的創業魄力及能力，但運程較勞碌辛苦，此格大都事業重於家庭，若能取得丈夫諒解，婚後仍會相當幸福。

四十劃

總格 男：不喜平靜簡單的生活，喜歡追求高風險、投機的行業，因此創業過程挫折較多，若財運配置佳及天運生助之大運期，仍可得到相當發展，但一生常會碰到意外的困境。

女：大都理想高遠，但對現實生活則牢騷滿腹，容易陷於孤獨與無助之中，天運有助則反吉。

總格 四十一劃

男：樂於助人，深得同事及朋友的信賴，性格堅忍，待人寬厚，有毅力克服種種困難，能自創屬於自己的事業，財運被剋洩者例外。

女：具有謙和涵養的美德，婚後亦能助夫之運程，也適合自己創業。

總格 四十二劃

男：堅持己見而一意孤行，個性固執，對長上的教誨喜歡故意違抗，精神上多思多勞，而凡事少成，身體亦較為虛弱，受天運五行生扶者，反能轉敗為勝。

女：個性外柔內剛，家庭生活不算美滿，精神上孤獨而苦悶。

總格 四十三劃

男：注重生活享受，外向而好動，是多敗少成之格，在工作上喜歡當頭，不願受到上司的指揮，須注意桃花運的後果。

女：工作能力及個性都很強，大都忙於工作而疏於家庭，婚姻格受剋害時，婚姻都很複雜。

四十四劃

總格 男：雖有才華且努力，但行為容易引起別人的誤會與排斥，精神生活很不安，常有懷才不遇之憾。

女：個性好勝，容易與人發生磨擦，在人生的運程中精神生活和物質生活都欠佳。

四十五劃

總格 男：極受別人的歡迎，為人穩重謙虛，大都心地善良、穩重可靠，格局佳時可得成功發展，名利雙收。

女：戀愛運較早，婚後家庭美滿、夫妻感情融洽，是榮夫益子之數，若被他格或天數剋害，則有反凶之象。

總格四十六劃

男：具突破困境的毅力，個性固執，有理想，一生挫折較多，成敗常在一念之間。

女：個性較特立獨行，精神生活常受困擾，物質生活時好時壞，一生命運起伏不定。

總格四十七劃

男：人際關係和諧，做事恩怨分明，有獨當一面的創業能力，做決定時大都喜歡一意孤行，所以成功失敗常在一念之間，大運被生助則無妨。

女：事業心重於家庭，脾氣剛強，婚姻極可能晚成，婚後仍然繼續為事業打拼，若有財運配置又大運行旺運時，可成為女企業家，被剋則一生為職業婦女之運程。

四十八劃

總格　男：具有突破困難的毅力及智慧，大都能腳踏實地，個性堅忍，堅持到最後，但須注意財運配置有無及大運是否受到生扶。

女：大都精明能幹，能與男人並駕齊驅，婚後也能幫助丈夫共創家業，適合自創事業，但受剋害者，一生徒勞而無功。

四十九劃

總格　男：精神生活易陷於苦悶中，理想高遠，但凡事少成，此格之人大多有才華，而運程卻常遭挫折，大運受到生扶，則仍可成功發展。

女：精神生活亦無法獲得滿足，常為家庭生活問題而勞苦，受到生助可逢凶化吉。

五十劃

總格　男：不喜平靜淡泊的生活，喜歡追求投機、高風險的行業，因此創業過程中會多挫折，若財運配置佳及天運生助之大運期，仍可得到相當發展。

女：大都理想高遠，對現實生活常感不平不滿，個性所致容易陷於孤寂無助，大運有助則反吉。

五十一劃

總格 男：樂於幫助別人，因此深得同事及朋友的信賴，性格堅忍，待人寬厚，遇困難能堅持克服，適合自創事業，財運被剋洩者例外。

女：有謙和涵養的美德，婚後能助夫之運程，也適合自己創業。

五十二劃

總格 男：對長上的教誨會為反對而反對，外表溫和，實則內心倔強，精神上愛鑽牛角尖，而凡事少成，身體亦較為虛弱，若受天運五行生扶者，反能轉敗為勝。

女：個性外柔內剛，家庭生活不美滿，精神方面孤獨而苦悶，若受他格或天運生扶則反吉。

五十三劃

總格 男：在工作上喜歡指揮別人，外向而好動，常有一意孤行之舉動，而不願受到上司的約束，內心常有不平不滿之嘆。
女：大都忙於工作而疏於家庭，工作能力及個性都很強，婚姻格佳者，一生仍很幸福。

五十四劃

總格 男：雖有才華且努力，但所作所為容易受到別人的誤會與排斥，精神生活很不安，常有懷才不遇之憾。
女：常在無意中得罪別人，令她人感到不滿，在人生的運程中親友緣份較薄，必須靠自己之力孤軍奮鬥。

五十五劃

總格 男：較不願長期安份於一個工作，為人外柔內剛，思想新穎多變化，格局佳時也可得成功發展。

女：戀愛運較早，婚後夫妻感情不甚融洽，恐不能維持長久的家庭生活。

總格五十六劃

男：有突破困難之氣魄，個性固執而理想高遠，一生挫折較多，成敗常在一瞬間。

女：個性特立獨行，精神生活常受困擾，物質生活則是時好時壞，一生命運起伏不定、不順。

總格五十七劃

男：因此人人際關係較不和諧，做事恩怨分明，性急又剛強，凡事大都喜歡一意孤行，做事易反覆，所以成功失敗常在一念之間。

女：事業心重於家庭，脾氣剛強，婚姻極可能晚成，婚後仍為職業婦女為事業打拼忙碌不休，若有財運配置又大運行旺運時，可成為女企業家。

五十八劃

總格　男：喜歡一意孤行，個性堅忍具有突破困難的毅力，但生性固執，成敗在於財運配置及大運的生剋問題。

女：能與男人並駕齊驅，適合自創事業，大都能幹而固執，婚後能幫助丈夫共創家業，有財運亦能成功。

五十九劃

總格　男：理想高遠，而使精神生活陷於苦悶中，但凡事少成就，此格之人大都多才多藝，而運程卻多災多難，大運受到生扶則仍可成功發展。

女：常為家庭生活問題而勞苦，精神生活亦大都陷入操勞、苦悶之中。

六十劃

總格　男：喜歡追求冒險、投機的行業，對平靜的生活比較沒有興趣，但創業過程中阻礙較多，若財運配置佳及天運生助之大運期仍可得到相當發展。

女：大都理想高遠，而對現實生活不平不滿，容易陷於孤寂無助之中，天運有助則反吉。

總格六十一劃

男：深得同事及朋友的信賴，性格堅忍，待人寬厚，樂於助人，遇困難能堅持克服，可自創事業，財運被剋洩者例外。

女：具有謙和涵養的美德，婚後能助夫之運程，也適合自己創業。

總格六十二劃

男：個性叛逆、堅持己見，常一意孤行，對長上的教誨會為反對而反對，精神多勞而凡事少成就，身體亦較為虛弱，若受天運五行生扶者，反能轉敗為勝。

女：個性外柔內剛，家庭生活不甚美滿，內心亦常感孤獨而苦悶。

總格六十三劃

男：在工作上喜歡當頭，外向而好動，注重生活享受，而不願受到長上的約束，所幸能得到部屬晚輩的敬愛，對名利看得很重。

女：大都忙於工作而疏於家庭，工作能力及個性都很強，婚姻格佳者，一生仍很幸福。

總格 六十四劃

男：雖有才華且努力，精神生活不安定，但所作所為容易受到別人的誤會與排斥，常有懷才不遇之憾。

女：ＥＱ不高，容易得罪人而受到排斥，個性好勝好強，人生的運程較不安，且經常發生麻煩，被人拖累。

總格 六十五劃

男：易與人親近，為人穩重謙虛，思想快速且多變化，較不願長期安份於一個工作，格局佳時可得成功發展，名利雙收。

女：戀愛運較早，婚後夫妻感情融洽，是榮夫益子之數，受剋則減吉。

六十六劃

總格 男：有突破萬難之毅力及智慧，個性固執而理想高遠，一生挫折較多，成敗常在一念之間。

女：個性古怪，精神生活常受困擾，物質生活時好時壞，一生命運高低起伏不定。

六十七劃

總格 男：人際關係還算可以，做事恩怨分明，個性稍剛強，做事善於變化，所以有早年成功之兆。

女：事業心重於家庭，脾氣倔強，婚後不會甘心在家當主婦，仍為職業婦女為了工作忙碌不休，若有財運配置又大運行旺運時，可成為女企業家。

六十八劃

總格 男：大都能腳踏實地堅持到最後，個性堅忍而固執，但若不注意，很容易陷入一意孤行的局面。

女：能與男人並駕齊驅，適合自創事業，大都是精明能幹，婚後也能幫助丈夫共創家業，受剋者勞多而功少。

六十九劃

總格 男：理想高遠，而使精神生活陷於苦悶中，但凡事少成就，此格之人大多具有才華，而運程卻常遭挫折，大運受到生扶則可成功發展。

女：常為家庭生活而勞苦不安，精神生活亦大都陷入操勞不安。

七十劃

總格 男：喜歡追求投機的行業，對平靜的生活沒有興趣，但創業過程遭遇挫折較多，若財運配置佳及天運生助之大運期，仍可得到相當發展，受剋則一生多災多難。

女：大都理想高遠，而對生活常感不平不滿，容易陷於孤獨無助中，天運有助則反吉。

總格七十一劃

男：外表樂觀實則內心苦悶，性格堅忍，待人寬厚，能沉著克服困難，自創屬於自己的事業，若大運不佳則凡事少成。

女：具有謙和涵養的美德，且有犧牲奉獻的精神，婚後能助夫之運程，也適合自己創業。

總格七十二劃

男：對長上的教誨常持反抗心態，個性倔強，常堅持己見而一意孤行，精神上多思多勞，而凡事少成，若受天運五行生者，反能轉敗為勝。

女：家庭生活不甚美滿，個性外柔內剛，精神方面孤獨而苦悶，若有天運五行來生扶，則可轉為幸福之家。

七十三劃

總格 男：在工作上喜歡指揮別人，理想高遠而有創業之毅力，不願受到別人的約束，但做事大都只有三分鐘的熱度。

女：個性倔強，工作能力佳，大都忙於工作而難兼顧家庭，婚姻格受剋，則婚姻欠美滿。

七十四劃

總格 男：雖有才華且努力不懈，精神生活不安定，但所作所為容易受到別人的誤會與排斥，常有懷才不遇之憾。

女：容易受人誤解，也常吃別人的暗虧，個性過於剛直，在人生的過程中比較勞苦不安。

七十五劃

總格 男：易與人親近，思想新穎且多變，為人穩重謙虛，較不能長期安份於一個工作，格局佳時可得成功發展，名利雙收。

女：戀愛運較早，婚後夫妻感情融洽，是榮夫益子之數。廿五劃者個性倔強，夫妻易爭吵。

七十六劃

總格 男：有突破萬難之勢及智慧，個性固執而理想高遠，一生挫折較多，成敗常在一念之間。

女：個性古怪不流俗，精神生活方面常受困擾，物質生活亦是時好時壞，一生命運起伏不定。

七十七劃

總格 男：做事恩怨分明，性急又個性剛強，以致人際關係不很和諧，凡事喜歡一意孤行、我行我素，所以成功失敗常在一念之間。

女：喜歡參與各種工作，脾氣剛強，婚姻亦有可能晚成，婚後仍是職業婦女，若有財運配置又大運行旺運時，可成為女企業家，被剋則一生徒勞而無功。

七十八劃

總格 男：大都能腳踏實地堅持到最後，個性堅忍不屈，才智聰明能幹，但內在個性有些固執，有聰明反被聰明誤之缺失。

女：能與男人並駕齊驅，適合自創事業，大都好勝好強，婚後也能幫助丈夫共創家業，但夫妻感情欠和睦。

七十九劃

總格 男：理想高遠，但凡事少成就，而使精神陷於苦悶中，此格之人大都具有聰明才智，而運程卻遭到許多無情的打擊，大運受到生扶則仍可反敗為勝。

女：精神生活亦大都陷入操勞苦悶，常為家庭生活而勞苦，若被天運五行剋害則災難不絕。

八十劃

總格 男：喜歡從事投機行業，對平靜的生活常感不平不滿，創業過程考驗較多，若財運配置佳及天運生助之大運期，仍可得到相當發展，被剋則一事無成。

女：大都理想高遠，而凡事少成，容易陷入孤獨無助而徬徨不安，精神苦悶，天運有助則反吉。

※總格劃數吉凶，不能代表名字一切，最主要考量姓名三才五格，生剋搭配是否完整又加上八字喜用神，才可論定名字吉凶，所以總格劃數吉凶僅供參供。

伍

破解熊崎式總格數

吉凶之論法

(一)三才五格變化多，豈是筆劃斷吉凶

坊間論22劃數，認為大凶，為秋草逢霜之憂勞愁苦數，一生行事不能如意，挫折重重，身世凋零，晚景淒涼，多病且陷於孤獨。

但比較式姓名學卻不拘泥於此種論法，就舉A、B兩組姓名為例。

A

外格	筆劃	數	五行	格
	1	11	木	天格
	10	15	土	人格
金8外格	5	12	木	地格
	7			
		22	木	總格

B

外格	筆劃	數	五行	格
	1	11	木	天格
	10	17	金	人格
土6外格	7	12	木	地格
	5			
		22	木	總格

A、B兩人只是名字筆劃數顛倒放，三才五格的五行關係就會起了很大的變化。

A格局為天格剋人格、地格剋人格、總格剋人格、人格生外格，為人肯做、保守、

任勞任怨、肯付出，只是較不懂得篩選朋友，對兄長父母敬重孝順，是亦忠亦孝的典型，所找的老婆，可以扮演黑面角色，也可以說他的老婆久而久之都會變得很強勢，因為他是濫好人一個，不懂得如何拒絕別人，老婆可以適度的阻擋他無止境付出的個性，此格局的人講義氣，憨厚又正直，對工作的抗壓性強，金錢方面不懂得計較，所以貴人不顯，自己反而都是別人的貴人，為人忠厚，卻常被人利用而不自知。

三才被剋多，筋骨方面毛病多，如果再加上同陰同陽，總格剋外格，一生官司不斷。會說會講，但有色無膽，雖然有桃花運，卻因為老婆管得緊，一直沒有機會嘗試。雖然內心一直想做些投機生意，但因為心念太雜，沒有定見，即使有好運到來，仍會白白錯過。

B格局為人格剋天格、人格剋地格、外格生人格、人生剋總格、人格剋天格的人，加上外格生人格、總格剋外格，腦筋轉得很快，外在人緣好，會包裝、自我推銷，耍嘴皮子，點子多，所找的對象即使強勢，他也可以應付得很好，因為他點子多，心腸軟又衝太快，所以在事業上起伏大，不善理財，出手大方，因為財運方面起落很大，敢冒險，喜歡投機，官司小人多，但卻是自惹的，桃花多，異性緣好，所以本身的婚姻方面容易出紅燈。

可見並非總格22劃即可代表一切，也不是三才相剋，就表示大凶大惡，一定要配合三才五格的實際架構，才能評斷這個名字的好壞，起伏有多大，再加上六十甲子納音天運的影響，才是真正一組姓名好壞的主要根源。

(二)凌夫幫夫在生剋，莫管取名23劃數

坊間對總格筆劃23劃者，為兩種不同解釋，對男性而言，有豐功偉業，運勢如虹之大吉數，但對女性而言，卻為凌夫，甚至為孤寡之數。

事實上不能如此單一論斷，即使成為女強人，只要生剋搭配得宜，表現出來的作為和狀態就會不一樣。

A

筆劃	數	五行	格
1			
7	8	金	天格
9	16	土	人格
7	16	土	地格
外格	8	金	外格
	23	火	總格

B

筆劃	數	五行	格
1			
10	11	木	天格
11	21	木	人格
2	13	火	地格
外格	3	土	外格
	23	火	總格

A格局為人格生天格、人格生外格、人格地格比和，此種格局異性緣特別好，能力

強、人際關係順暢，外表有咄咄逼人的味道，卻非23劃的關係，而是她人格生外格，異性緣，桃花多的關係，此格局又是天人地外四格同為陰數的單陰，又加上總格剋外格，外在能力不輸給男孩子，屬於外向業務型的人，不適合當內勤，配偶最好是能保守，夫妻才會和諧相處，婚姻方面才不會出問題，假如配偶也是被生多或剋人家多，則才會應驗23劃的不和諧，也就是所謂的剋夫命。

B格局為人格生地格、天格生人格、天格生地格、外格生地格、人格生外格，能力也是上上之選，但不是因為總格23劃的緣故，而是人格生地格、外格，而地外為火、人地木火相生所庇蔭，此種格局的女人，熱心苦幹，能獨當一面，只可惜圓融性稍嫌不足，不懂得自我推銷、包裝，因此常被誤會，甚至吃眼前虧，因為五行火多，所以好客，而且容易衝動，此種女性重視格調、氣氛，不像被生多的人隨遇而安，不講究生活品質；其配偶最好是才華高、能力好，在交際方面又不滑頭，婚姻上才不會發生磨擦，這種格局的女人，就完全沒有所謂的剋夫命。

㈢吉不吉不在劃數，生剋變化扮關鍵

傳統姓名學裡的總格25劃數為大吉大利，有英姿俊敏、柔中帶硬、成功發達的大好運格，但交際之間宜注意平和，揚棄驕傲，注重修養心性，才能成就大業、財務吉祥、貴人多、大豐收。

如果你堅持這種論法，那就太危險了，因為除了三才之外，還要配合他的天格、外格、總格和天運、陰陽搭配來決定。

陳哲毅姓名學卻要提醒你，快快拋棄這些似是而非的老舊觀念，接著我們先來看AB兩種不同格局，總格筆劃數相同的案例。

A

```
        ( 1 )  8  金  天格
        ( 7 ) 14  火  人格
木12    ( 7 ) 18  金  地格
外格    (11 )
──────────────
        25 土 總格
```

B

```
        ( 1 )  8  金  天格
        ( 7 ) 15  土  人格
木11    ( 8 ) 18  金  地格
外格    (10 )
──────────────
        25 土 總格
```

A格局為剋多格局、人格剋天格、人格剋地格、外格生人格、天格生地格，這種格局的人，就是大家所說的含著金湯匙來出世，享盡榮華富貴，原因無他，因為剋的緣故，剋代表你會表達、代表你會撒嬌、代表你的眼神犀利，所以剋怎麼會不好呢？

三才被剋，有人說會有意外災害，但此格局因貴人多、有人保護，此格局剋天、剋地、外生人，如果和剋天、剋地、外剋人來相比，後者當然差多了，因為其貴人只是一種假象，因為外格代表六親和長輩，外剋人的狀況代表設有貴人；一樣道理，也有剋天、剋地、人生外，付出沒有回應，所以人格、外格的對待，有如天地之差，不能只看單純的表象。

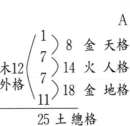

剋天、剋地也有人外比和的，三種格局的貴人運就差很多，外格生人格貴人多；外格和人格比和者貴人差一半；人格生外格者，幾乎沒有貴人。

此總格局的人，貴人多、膽量大、外表好看，但最好要有助理來打點、來幫他煞車，因為他常會心浮氣躁，財運開拓能力一流，表達方式很貼切，但缺點就是容易過於自負。

B格局為外格剋總格、人格生天格、人格生地格、天格生地格，非常吉利，但是你付出的多、憂心的多，遇到事情不會察言觀色，所以做任何事情都是心慌意亂，絆手絆腳，貴人不顯，生多自己有如父母般的呵護大大小小，勞心勞力，任何事情有如一把小刀把你約束住，手腳施展不開，從小到大只能當第二線，悶在心裡不講，鬱結不開，時常悶悶不樂，一付懷才不遇的樣子，貼心的話，婉轉的話不會講，本身25劃生多，腸胃從小到大都不好，因為任何事情你都要一手獨攬包在身上，無從宣洩，配偶和公婆的關係不好，你又夾在中間，沒有潤滑功能，太嘮叨、太小心，老婆對你埋怨多，所找的老婆又很強勢，你無法影響她。

所以總觀所謂生多，要看整個三才五格格局，筆劃也不是25劃數好，必須統合不同變數來講才算客觀和具體。

(四)自古26劃數大凶，細讀本文凶非凶

坊間所講的26劃，為大風大浪大凶數，又有一種說法，大成大敗之變怪數，因此數者雖面臨大難而不死，奮鬥成功舉例，但若力有未逮，則可能隨波逐流，慘遭滅頂、破產亡家。

但比較姓名學並不這樣論，雖然同總格，但三才五行並不相同，所以整個人生旅程就有很大的差異性。

A

	1		
		17 金	天格
	16		
金7 外格		20 水	人格
	4		
		10 水	地格
	6		
	26 土 總格		

B

	1		
		8 金	天格
	7		
火13 外格		14 火	人格
	7		
		19 水	地格
	12		
	26 土 總格		

A格局為天格生人格、地格生人格、外格生人格、外格生地格，整個格局為被生多，在公關、業務方面有一套，對長輩懂得噓寒問暖，深知人情世故，人格被生多，親和力強，平易近人，出門隨性打扮，能體恤他人，溝通交際從不輸人，但在婚姻方面，因為她很感性，不好意思拒絕，常有藕斷絲連的感情，所找的對象不甚理想，心太軟，錢財掌握度差，常有寅吃卯糧情況，處理任何事務都跑在第一線，助理若強的話，更容易有出色的表現，在生命歷程裡發亮發光，配偶如果能掌控她，事業、工作才會更順暢。

B格局為地格剋人格、人格剋天格，被剋多，外表亮麗搶眼，天生美人胚子，出門前一定得花很長一段時間打扮，能力有如女強人，咄咄逼人，讓人覺得難以接近，因為有地格剋外格、人格剋天格、外格剋天格特性，人地又為水火剋，外在氣勢凌人，對老公心直口快，不懂得委婉，對長輩也易得寵，但為人小心保守，感性度比較沒那逞強，雖然嘴巴硬，但對父母仍很孝順，一生當中，小毛病難以避免，意外多。

此兩種格局筆劃同，架構不同，所產生的個性就完全不一樣。

(五)27劃數易犯桃花，不會生剋鬧笑話

坊間對女性用27劃數，稱之為桃花多，慾望無止之剋夫數，男人用之中吉，女人用之有早失貞節之虞，生性放蕩無心求學，若再加上他格凶數，或三才配置不當，可能陷於刑罰、孤寡、變死之境地。

但這種論斷，對絕大多數27數的女性是不公平的，試舉AB兩女為例。

A

	筆劃	五格
	1	
		16 土 天格
	15	
金7 外格		21 木 人格
	6	
		12 木 地格
	6	
		27 金 總格

B

	筆劃	五格
	1	
		12 木 天格
	11	
金8 外格		20 水 人格
	9	
		16 土 地格
	7	
		27 金 總格

兩女都是總格27劃，但因三才五格搭配迴異，個性上就差了很多。

A格局為剋天生地，外剋人，此女人的思想、態度非常矜持，說話中肯不隨便，做事有其一貫原則，但由於原則太多、主觀意識太強，無形中得罪了周遭的同事和主管，因為很少人能符合她的高標準。

A女的打扮中規中矩，同事間的相處關係雖然差了些，但是工作能力仍頗受肯定，俗話說，東西要好，也要會賣；東西不一定要好，卻能賣得一流，人生才能成功，人緣欠佳，如俗話所說的古典美人，打扮亮麗，卻讓人感覺難以接近，所找的老公，要求必須完美，必須高格調、高標準，萬一配偶的格局被生又被剋，屬於她的格局，婚姻一定會破裂；人格生地格，講話不夠潤滑、不會撒嬌，有什麼說什麼。

A女雖然朋友多，但會選擇朋友，吃虧的機率少，絕非水性揚花者流。

B格局為人格生天格、地格剋人格、外格生人格、天格剋地格，由於被剋多，天格、人格、地格、外格又是單陰，外表看來也是高不可攀，能力強，個性執著，但做事的堅持力不強，身邊常有小人而吃虧上當，只要是地格剋人格、天格剋地格所造成，導致個性容易優柔寡斷，人品好，也是性情中人，可惜做事欠缺考慮，常因誤交損友而吃虧，勞心勞力付出，令人錯覺為女強人，其實她的心卻很感性，小時候人緣好，長大了卻不受歡迎，但這卻非27劃數的關係，而是五行生剋所產生的變化。

(六)28劃大凶太沈重，常使世人陷誤導

坊間姓名學對28筆劃數視為大凶，為遭難別離之數，指出外表上似乎豪氣干雲，肆無忌憚，但波瀾洶湧，時有凶噩來襲，導致災禍連連，夫妻生離，喪子或子孫狼狽，不論男女，若名帶此數，應速改名，外加五格互剋，凶險更甚。

套一句阿扁總統的口頭禪：「有那麼嚴重嗎？」

當然不會，現在就用比較姓名學的角度幫你做分析，必要時，就還可以選出幾個當代有此數名人的範例。

A

	1	17	金	天格
木 2 外格	16	28	金	人格
	12	13	火	地格

28 金 總格

B

	1	18	金	天格
木 2 外格	17	28	金	人格
	11	12	木	地格

28 金 總格

此二格局的人格和總格都是28劃，為坊間所謂的大凶，但是此格的三才架構並不一樣，因此所產生的個性不同、遭遇不同、配偶的對待不同、六親的對待不同、婆媳對待關係不同、工作性質不同，所以姓名不能單看筆劃，最重要的是看三才五格的生剋關係。

A格局為天格生人格、人格剋外格、地格剋人格、地格剋天格；地格剋人格，表示此人對家庭的付出無微不至；然而內心常不平衡，此為地格剋天格的關係；內心一直想往外衝，因為是總格剋外格，以及人格剋外格的關係；但是外表給人一種城府深、不苟言笑的印象，思緒冷靜、頸子太硬，雖不得罪別人，但別人也不想靠近他，因為人格剋外格，他會選擇朋友，本身有才華。

地格剋天格，很容易受人煽惑。

此格局的人是個很好的幕僚，才華會慢慢的顯露出來，他選擇的對象，喜歡活躍開朗型的，所要的老婆雖然強勢，但公婆所交待的事，都會圓滿完成，此格局的人抗壓、肯做，是俗話說：「大隻雞慢啼」的典型。

B格局為天格生人格、人格剋地格、人格剋外格、人格總格比和、總格剋外格、天格剋地格，此格局的人很有個性、有主見、敢表達，說起任何事情都頭頭是道，從不輸給別人，雖然理由很正確，但卻不夠圓融，有咄咄逼人、得理不饒人的味道，對配偶有很大的影響力，因此老婆即使再強勢，對公婆還是會百分之百的尊重。

本身富才華，但波折多，因為過於激進、過於執著、自負，無形中得罪別人而不自知，天運若為水、木的話，筋骨、胃都會差了些；天運是土或金的話，個性上的霸氣則會加了好幾成，配偶姓名的格局如果也很強的話，婚姻關係不看好，工作上都是第一線，適合創業或當主管。

㈦姓名總格29劃數，半吉半凶，生多剋多，命不同

傳統姓名學裡的29劃數為不幸，也有謂半吉半凶，智謀奮進、才略奏功之象，有財力、權力之運格，富活動力，而成就大業之運格，但往往不知足，任意從事的弄巧成拙，婦女用之應該於男性化，或釀成荒誕猜疑、嫉妒心重，宜戒之。

坊間論法只是用生為吉，剋為凶的二分法，但實際上，同屬29劃總格的兩個女性，其際遇和生活態度都完全不同，即使是兩個男性，也會有不一樣的結果（容後再論）。

A

	1	17 金	天格
	16	20 水	人格
水10 外格	4	13 火	地格
	9		

29 水 總格

B

	1	13 火	天格
	12	22 木	人格
金 8 外格	10	17 金	地格
	7		

29 水 總格

A格局為天格生人格、人格剋地格、外格生人格，被生剋多，即所謂的好命格局，無論在個性上、人際關係上，必是長袖善舞，眾人目光的焦點，說服力強、自信心十足，但相對的，也容易流於跋扈狂傲，不過那是她的內在，她外在很重包裝，都因為她是人格剋地格、地格剋天格，產生為所欲為的特性，另一方面也是因為她貴人多，造成膽量大，做事莽撞的個性，一生當中都想要影響配偶，卻不會自我檢討，如果不幸配偶的格局也是強的話，婚姻的破裂則難以避免。

B格局為人格生天格、地格剋人格、外格剋人格、地格剋天格、天格剋外格，看起來也是女強人，能文能武，但優點則是會尊重長上的意見，結婚之後，也是以老公的意見為意見，配偶若強，她就是一個很好的賢內助，只因人格被地外格所剋，人又被配偶所剋，所以婚姻生活反而是幸福美滿。

(八)31劃未必是大吉，生剋造就兩樣人

再舉一對總格數皆為31劃的女性案例，在傳統姓名學裡，31劃為智仁勇三德俱備的首領運格吉祥數，意志堅定，遇事不屈不撓，可成大志大業，可統率眾人，成就大志大業，一生榮華富貴、德高望重，婦女用之亦為大吉大利。

A

	1	17	金	天格
	16	25	土	人格
金 7 外格	9	15	土	地格
	6			
		31	水	總格

B

	1	17	金	天格
	16	23	火	人格
水 9 外格	7	15	土	地格
	8			
		31	木	總格

A格局為地格生人格、人格生天格、人格生外格、地格生天格、外格生天格，三才金土土，人緣好、嘴巴甜、能力一流，表達方式清晰、處事圓融，異性緣佳、個性豪爽，

但對配偶的情緒變化不定，能體恤長輩想法，長輩對她也十分栽培。女性五格為陽，以男女反性的意味，喜作中性打扮，男性則陰柔（女性若全陰，則更柔弱），此格局的女人桃花多，和異性交往有如哥兒們，配偶很容易吃醋，個性上比較外向，帶頭往前衝、點子多，對家務事較不熱中，是標準的職場女人。

雖然不需要浪費太多時間作打扮，但由於地格生人格、人格生外格，桃花多、人緣好，交際手腕靈活，易有親切感，對親密的人易喜易怒，所以決定快、後悔也快，不斷轉變主意，配偶個性也強的話，婚姻往往都不太理想，甚至會以離婚收場。

B格局為人格剋天格、人格生地格、外格剋人格，看起來滿盤皆剋，坊間都認為不好，被剋，自己有怨言，剋人家，別人有怒言，所以要生才好，但事實是否如此呢？

B格局的女人做事謹慎小心，雖不善表達，但實事求是、肯做、負責任，默默耕耘，臉上的開朗度不夠，所以一生只靠自己，打扮中規中矩，甚至流於古板，但她不在乎，個性保守，不易和異性接近，處事有原則、有潔癖，常拒人於千里之外，擔任她的上司很輕鬆，但做她的屬下卻很辛苦，按部就班來，誰也別想摸魚，感情世界十分執著，教導小孩很有原則，一生當中小病不斷，精神方面因為她仔細、小心、未雨綢繆、不會撒

嬌，旁人也無法幫助她，但個性獨立，即使夫妻吵架，她也只是悶在心裡，城府較深，

俗話說：「水清無魚，人清無財利。」水太乾淨，魚兒不會來，人太愛乾淨，朋友也不敢來，由於地格剋外格，心情好時外表也不敢表現，這些種種都是地格剋外格的原因所造成，若換一個角度來看，如果外格剋地格的人，則心情好時，外表會顯出很開放、很愛講話，不過也是一種假象而已。

(九)坊間最愛32劃數，問題卻常一籮筐

無論男人、女人用到32劃，傳統姓名學都認為是大吉大利大富貴的幸運格局，一生可得貴人提攜，成功，勢如破竹。

A

	1	17	金	天格
	16	24	火	人格
水 9 外格	8	16	土	地格
	8			
		32	木	總格

B

	1	9	水	天格
	8	24	火	人格
水 9 外格	16	24	火	地格
	8			
		32	木	總格

A格局為金火土，A格局人格剋天格，火剋金，表示其人個性直率，對長輩的互動較不夠委婉；又加上地格生天格，柔軟度又減半；外格剋人格，對朋友的付出很大方，卻有選擇性，因為地格剋外格，會選擇朋友，不會輕信損友的建言，城府深，令人感覺

難以接近，原因是他的人格、外格呈現水火相剋的緣故。

外格剋人格另一層意思是會對別人投懷送抱，但因為是水火剋，所以這樣情形就會減少一半，此格從小到大沒有貴人，因不善表達，拙於言詞，做事過於謹慎，甚至被評為龜毛，但也因他的細心而在工作上受到肯定，但是配偶與公婆之間的關係及配偶與妯娌之間的關係卻很不好，因為他不善溝通，只會眼睜睜地看著事情愈鬧愈僵，愈鬧愈不可收拾，這也正是他姓名中的地格生天格、天格生外格的導致。

此格局的人從小腸胃不好，因他過於憂慮，經常想到要未雨綢繆的關係，一生當中都靠自己，很少有貴人，但是優點就是船到橋頭自然直，吃穿不用擔心。

B格局為天格剋人格、天格剋地格，天生腸胃差、血液循環不好，但也是他保守、忠心對朋友、忠心對老闆的地方，因為他的人格有被剋、地格有被剋，人格代表他自己，地格代表他的心，都會被長輩所影響，有很容易被朋友所拖累，那是因為外格來剋人格、外格來剋地格，受朋友和受配偶的影響很大。

由於他是人格、地格比和，也就是有一半人格生地格、一半地格生人格的特質，所以有一半受寵，地格生人格代表你的面子大，對朋友不會拒絕，所以小人、破財的機會多，加上老婆會給你壓力，對你造成約束力，所以內心鬱鬱寡歡，心裡面鬱卒死、外笑嘻嘻；加上外格剋地格，耳根子軟，常把話藏在心底，配偶與父母的關係十分惡劣，你又要裝出一付沒事的樣子硬撐，家務也都由你來做。

人格、地格皆為火，火有禮貌，火愛面子，發起脾氣來也很衝動，所以工作的壓力無窮盡，每逢夜深人靜，獨自思維，愈想愈氣，此信念和壓力不斷傳送到你面前，如果突破得了的話，會成就一番偉大事業。

㈩領袖非人人可當，天地剋人是阿斗？

在傳統姓名學對33劃的評語總是如日沖天之格，剛毅自信，遇事果斷，富權威，智謀優秀，能成就大事業，名滿天下之吉運格局，但因過剛，常人恐不易當，女性有此數易陷孤寡，可見此數對男性而言是利大於弊，果真如此嗎?試舉以下二例來探討。

A

木12 外格	1	17	金	天格
	16	22	木	人格
	6	17	金	地格
	11			
		33	火	總格

B

金7 外格	1	17	金	天格
	16	27	金	人格
	11	17	金	地格
	6			
		33	火	總格

A格局為天格剋人格、地格剋人格、外格生人格，此類型男人木訥，但勤快做事，只是不善於表達、抗壓性強，朋友的請託不忍拒絕，雖然外表有點酷，內心卻有義氣，

所以一生當中受朋友拖累，受兄弟姊妹拖累不勝枚舉，外加他的天地剋人、外生人，人格被剋被生，易產生從小到大小病不斷，意外災害多，幸好他有過人的毅力，所以都能逢凶化吉。

不善表達的他，若不小心沾到酒，則會侃侃而談、紓解他的壓力，此時他的老婆如果仍和平常一樣的嘮叨，可能就會被揍，以發洩他鬱卒的情緒。

此格局的男人，對長輩、對上司都很順從，不會拒絕任何要求，加以不會事先和老婆商量，破財的機率很高，他對父母的孝心和兄弟的付出，老婆完全無法約束他，導致財務上的損失和吃虧都不能講，直到紙包不住火爆發開來，夫妻也因此大吵一番。

由於心情不善於紓解，做事、開車都很猛。

B格局為天格生人格、地格生人格、外格生人格，三才皆為金，且都相生，由於被生多，貴人多，此人膽量也就大了起來，很會察言觀色，對金錢沒什麼概念，理財手腕甚差，脾氣又太隨性，起伏大，配偶辛苦，意外災害多，意外災害和人格「被包」有很大關係，人格被包膽量會變大，什麼事都敢去嚐試，受到災害的機會也增多了起來。

此格局的人生意頭腦和交際手腕都是一流，但因不會計算成本，常因別人的請託而不計成本耗出，表面上風光，到頭來卻是潦倒一生，情緒變化幅度大。

天格、人格、地格、外格都屬金，代表血液循環不佳，天運若又來生或來剋，車禍、意外災害比別人多一半，這就是被生多的缺點。

由於被剋，對兄弟姊妹好，但內在龜毛，容易情緒化。

(十)同是35劃大吉數，細看生剋天差地

坊間姓名學所論的35劃數，多半認定為大吉大利大豐收的好數字，女性更是賢淑溫良、幫夫運，如果再搭配三才相生，那必是個絕佳上等格局。

熊崎姓名學的盲點就在這裡，坊間所講的三才，看似簡單、明瞭，只要隨便一變，數字、架構好像一樣，其實所產生的個性、表達能力、貴人、夫妻對待、婆媳對待、官司的對待、財運的對待，卻完全是天壤之別，最大差異在人格和外格是生還是剋，地格是內在的心，是被生還是被剋，都有很大的差異。

試以A、B兩女子來做分析，兩者只是名字筆劃對調，看似架構差不多，其實差很多，裡面所藏的玄機深不可測。

A

```
        1 ⟩ 12 木 天格
       11 ⟩ 21 木 人格
土15   10 ⟩ 24 火 地格
外格   14
──────────────
       35 土 總格
```

B

```
        1 ⟩ 12 木 天格
       11 ⟩ 25 土 人格
木11   14 ⟩ 24 火 地格
外格   10
──────────────
       35 土 總格
```

A格局為人格生天格、人格生地格、人格剋外格、人格剋總格，三才五行為木木火，外格為土，此格局的女人賢淑肯做，對父母孝順體貼，對夫婿配合度高，但因事情過於忙碌，講話不注重修飾，心直口快，勞心勞力，卻沒有得到實質回饋，所做的工作常常事倍功半，多因她姓名格局中生多、剋多，表示事情多、雜事多，思考的能力和模式粗糙了些，雖然熱心，但不懂得包裝推銷，地點和時間也拿捏得不恰當，該出面、該說話的場合不懂得表達，所以都是別人的貴人，即使自己真的有事，也不好意思開口求人，對夫家一輩子付出，毫無怨尤，對娘家也是牽腸掛肚，這是她孝順的地方，卻也是她顧人怨的地方，周遭的人都嫌她什麼事都要管，一生小病不斷，尤其天運屬水的話，保證開刀、婦科毛病多，由於人格生地格，一生凡事謹慎、小心、擔心受怕，腸胃、婦科一向不舒服，卻又硬撐，有潔癖，和老公的感情都是慢半拍，萬一老公有外遇，她都是最後一個知道，因為敏感度不夠，看似外向豪爽，實則在感情方面十分保守和小心。

B格局為天格剋人格、外格剋人格、地格生人格，三才木土火，外格為木，與A格局相比只是名字顛倒，數字吉凶都是吉數，也就是坊間所謂大吉大利的格局，但是此格局的女性如何呢？

此人能力不錯，思考能力強，但五格之中被剋又被生，容易產生無奈感，常有懷才不遇的苦悶，任何事情眼看就要成功了，卻會突然殺出一個程咬金，以致功敗垂成，一生壓力大，地格生人格，好逞強、愛面子，要求高標準，父母對她的要求高，配偶對她的要求也高，往往容易走入極端，鬱悶的心結一直打不開，天運又來生的話，其一生中的壓力、波折和危險要比一般人高，小人官司也多，加上天格生地格，她的心無人可約束，外表很開朗，但夜深人靜時則會自怨自艾，落寞寡歡，一生當中小病不斷才好，歲數才會長，人際關係差，車禍意外多，周遭似乎都有貴人，親身接觸才發現，原來都是小人。

(十二)誰言36劃潦倒命，生剋互異各有命

坊間姓名學對總格36劃的評論是「窮困厄難、禍事多端」之大凶數，也有人說是半吉半凶，影響度不夠，不能取用，用之婚姻、事業都會有影響，但此格局的女人，由於三才五格生剋的互異，會表現出不同的運勢與個性特質。

A

	1		
	14	15 土	天格
木12 外格	11	25 土	人格
	11	22 木	地格
	36 土 總格		

B

	1		
	12	13 火	天格
火13 外格	12	24 火	人格
	12	24 火	地格
	36 土 總格		

A格局為地格剋人格、天格生人格、外格剋人格、地格剋天格，被剋多的女孩子，又被天格來生，是標準的女強人勞碌命，近看總是一付憂鬱落寞表情，女人被剋，通常

剋她的不外乎是她的夫婿、她的長官，中國人的傳統觀念，女人有如油麻菜籽，嫁雞隨雞，毫無什麼自己的事業可言，但因被剋，外在代表她能獨當一面，但因思緒不週，頭腦不夠精明、無法明斷是非，所以很難做主，遇事總是遲疑不決，如果要能明辨是非，必須要貴人多，很多貴人來當她的諮詢，才容易做出明確的決定。

此格局一生當中，小病不斷，遇到任何不如意的事，只會躲在浴室裡哭一哭，自己忍受委屈和苦難，壓抑自己的情緒，不敢表達於外，才會顯現出一付憂鬱的個性，憂鬱的結果會演變成嘮叨、心胸放不下，又不能決定自己的前途，但老天總是公平的，因為她保守、因為她小心、因為她仔細，所以一生當中的財富不虞匱乏。

B格局為天格生人格、外格生人格，若以坊間的標準來看，都是有生，有生無剋為最理想，在比較姓名學領域裡卻看到了另一層面的情形，此格局天格、人格、地格、外格皆為火，火代表多禮、義氣，但火遇多則代表無禮、衝動、是非多，也代表意外多，天運若再逢木火的話，此人的個性必會急躁。

此格局被生多，代表貴人多，又有火，所以在人生旅程中，接受朋友幫忙的多，但被辜負的也多，即所謂成也朋友、敗也朋友，她對事物有正義感，但也容易說於衝動，常常因為匆促決定而吃虧，人格地格因呈比和狀態，父母掌握不住她，也幫不了她，和配偶的關係也是隨性相處，好時很好，鬧彆扭時就會搞得天翻地覆，婚姻生活極不踏實，隨時有破裂的危險。

(十三)人剋天竟成禍首？郎中害人不償命

坊間姓名學對38劃，不論男女，都以半吉半凶論之，且比下兩案例三才之中的天格、人格又呈火金剋與金木剋，傳統姓名學皆形容為大凶、不順、車禍、短命、禍害，避之唯恐不及，但事實是否如此呢？

A

筆劃	數	五行	格
1	17	金	天格
16	33	火	人格
17	22	木	地格
5			
土 6 外格			
	38	金	總格

B

筆劃	數	五行	格
1	12	木	天格
11	18	金	人格
7	27	金	地格
20			
木21 外格			
	38	金	總格

A格局為人格剋天格、天格剋地格、人格生外格，天格為長輩，你剋他，是代表你敢講話，因為人格為自己，地格是你的內在，外在敢頂嘴、敢反叛，但是你的內心會收

斂，因為天格剋地格，會自我約束，會適可而言，想講甜言蜜語卻羞於開口，很小心、很怕生，所以雖然人格剋天格，卻也不敢作大力的反擊，因為是天格剋地格的關係，強話講多，甜話講少的結果，長輩緣自然也就沒了些，變成木訥、呆滯、老實、憨厚，加上又是地格剋外格，對人時地的選擇更為慎重，配偶做得辛苦，但得寵只有一半，因為夾在中間的緣故。

B格局為人格剋天格、地格生人格、人格剋外格，敢叛逆、敢講話，你既然敢豁出去（因為地格剋天格，地格代表你的心，天格代表你的長輩），不怕生死，長輩對你的敢作敢為，會有害怕感，轉而會寵你、聽你，因為怕你會做出傻事，因為你膽量大，不會自我約束，又加上你是人格剋外格，外表你會選擇朋友，長輩會覺得你聰明伶俐，相信你的選擇性，再者你貼心話、肉麻話敢講，自負心強，受寵的機會比A格局多一半，但遭遇挫折的機會也多一半，因為太過夜郎自大，不知如何自制，再加總格剋外格，膽量又比A格多一半，你也會約束自已的配偶，所以婆媳關係比較活絡。

可見人格剋天格並非單純的凶剋，而是人際關係，內在與外在的互動關係，硬說成凶災、意外，可真是失之毫釐、差之千里了。

(十四)相生非吉剋非凶，41劃末必名和利

坊間對總格41劃的評語是德高望重、名利雙收的絕佳筆劃數，結果又如何呢?傳說姓名學裡說不出個所以然來，我們試舉兩個同為41劃總格，名字筆劃顛倒的男性為例。

A

	1	18	金	天格
	17	33	火	人格
水 9 外格	16	24	火	地格
	8			
		41	木	總格

B

	1	18	金	天格
	17	25	土	人格
金17 外格	8	24	火	地格
	16			
		41	木	總格

A格局三才天人地格為金火火，外格為水，一出生即小病不斷，不得人緣，調皮好動，是個過動兒，嘴巴又不甜，憨厚卻戇膽戇膽，不會判別是非，朋友一加引誘什麼都跟著做，從小到大令父母操心憂愁，因他人格剋天格、地格剋天格，敢反叛，一般來說

敢反叛那就什麼都敢做囉！其實也不盡然，如果先人格剋外格、地格剋外格，為敢作敢當，但這裡是外格剋人格、外格剋地格，被朋友所影響、所牽制，父母對你會失去信心，對你的幫助會愈來愈少，再由於你的盲動、爆發力強，所以一生小人、官司多，疾病纏身，配偶也強勢，婆媳關係不和睦，「聽某嘴、大衰氣」，貴人都遠離了，同時老婆常會無理取鬧，你又壓制不了她，事業上絆手拌腳，十分辛苦，讓你的壯志難以發揮。

B格局三才天人地格為金土火相生，外格為金，筆劃數又為吉，有如含金湯匙出世，但因人格生外格，外在柔弱無力，受疼惜，幸好人格生天格，會看人臉色；雖然地格剋天格，敢耍你的父母，但也會有適當的時間讓父母對你產生關照，你也肯認錯，會講好話，所以從小到大，大錯不犯、小錯不斷，點子多，聰明，桃花緣多，人緣一級棒，但做事卻常有頭無尾，由於你是地格剋外格、地格剋天格，會適當的徵詢父母意見，讓父母很放心，所以父母一再地被你蒙蔽，一再地坦護你，受的傷害很多，看起來乖巧、孝順，但虧耗錢財比A格局的人大上好幾倍，你的老婆很會孝順公婆，很得公婆寵愛，媳婦漸漸壓過公婆，你本身不想出面，所以婆媳之間的關係有時差、有時好，卻總是媳婦佔了上風，因為B格局的人聽老婆，但老婆又不能替他在工作上加分，所以事業起起伏伏，到頭來總是一場空，看似三才都是吉，看似五行都相生，但格局卻不如想像中的理想。

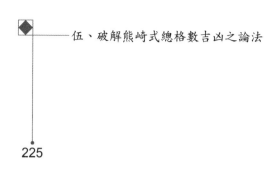

㈩五 敢問45劃吉利？天人地外看陰陽

坊間傳統姓名學提到45劃，多半論為大吉大利數，至少也是安定保守之中吉數，評語是溫和好才藝，文筆造詣高，勤勞刻苦，努力奮鬥必能獲得成功。

比較姓名學則為不同的論斷度，所謂的不同並非為了不同而不同，而是根據我多年的實證和觀察，歸納出不同生剋所形成的，可謂信而可徵，例例可考，而且是屢試不爽，諸君不信可試將書中所列相同之筆劃，印證到自己或朋友同筆劃者身上，必會恍然大悟，天地間，竟有如此神奇的姓名預知術。

A

外格	筆劃	數	五行	格
	1	17	金	天格
水19 外格	16	27	金	人格
	11	29	水	地格
	18			
		45	土	總格

B

外格	筆劃	數	五行	格
	1	17	金	天格
水20 外格	16	27	金	人格
	11	30	水	地格
	18			
		45	土	總格

AB兩格局都是總格**45**劃，但天人地外格卻形成單陰及單陽，顯現出來截然不同的個性和際遇。

A格局為天格生人格、人格生地格、人格生外格、天格生地格、外格生地格、天格生外格，四格形成生生不息，三才金金水，也為大吉，相生為好，但也要看三才配外格、總格的生剋關係，外格生人格和人格生外格，情況當然也都完全不一樣。

長久以來，坊間姓名學給我們一樣錯覺，以為被生或生他為大吉，但是俗話說：「太寵的孩子不好管。」從後面推的力量反而比較有成就，小孩子比較能奮發圖強。

因為天格生人格、人格生地格，代表配偶強勢，對長輩不放在眼裡，而你又不想表達，除非迫在眉睫你才表達，因此你有如成為一個夾心餅乾，幫哪一方都不是，你不會推銷、包裝、甜言蜜語，也就是俗話說的「狗腿」，交際應酬都是推老婆出面，也讓別人錯覺老婆可以影響一切，雖然你很孝順，你很肯做，可惜你的包裝、推銷能力太差，所以做任何事情都是事倍功半，空有滿懷壯志，卻有志難伸，是個好幕僚；但是家庭不和諧，六親關係冷漠，所以坊間所論的三才相生為大吉數，此例就被推翻了。

B格局為天格生人格、人格剋地格、人格剋外格，坊間姓名學認為地格代表你的部屬，部屬被你壓制得死死的，內心會忿忿不平。

其實這只是先從表面上的解釋，其實地格又代表我們的內心、我們的配偶，在我的姓名學領域，各格至少都有五、六度空間，各個空間都是環環相扣，不能從單一個角度來看，有可能變成以井觀天、以蠡測海，看到剋，就說是凶數、醜惡，其實剋的另外一個含意是說服、安撫、給予、褒獎，不是只能看水火、火金、金木相剋，就會有傷害，就如長輩教導孩子、打罵孩子，要適可而止，愛之深、責之切、子不教、父之過，沒有嚴格的教導，並不代表好。

頑劣的小孩要讓他養成安靜、乖巧，那是不可能的，因為那違反了他原本好動的本性，正確的做法是循循善誘、浪子回頭金不換。

所以人格剋地格或地格剋天格，不要把它想成壞的一面，因為地格為部屬、為六親，你有辦法剋住他，代表你的頭腦、你的思緒，不輸給六親、部屬的心性，地格又代表你的心，你會剋它，代表你會琢磨它、磨練它，自信心就強了起來，父母對你有信心，敢付出、敢全力挺你，所以人剋地代表貴人多，在人生當中，誰沒有挫折。

此格局人格剋地格，不能只看他強勢，還要看他有沒有被約束，此格局天格剋地格，所以心仍有長上方面來左右，不敢太過自由放任。

陸

陳老師更名實例

(一)兒子交女友，父母擔心又恐懼，專心唸書變神話

今年十五歲的陶木晟，是學校輔導中心的常客，不過，他和一般會經常去輔導中心的男孩子的原因不相同，通常，國中階段會到輔導中心報到的男生，多半不是因為打架鬧事，不然就是課業壓力而被導師或訓導處轉送到這邊做心理輔導，不過，陶木晟卻是自己自動的到輔導中心去登記輔導的，而困擾他的原因，如果不是親眼看到或親耳聽到，實在很難想像在他這個青澀的年紀中，竟然會有這麼複雜的愛恨情愁。

由於感情問題，不但讓陶木晟自己過得很痛苦，連他的父母都因為看著自己愛兒的功課一落千丈，身體也因為不正常的作息瘦了一大圈，而擔心得不得了。

由於陶木晟長得俊秀帥氣，從小就常常惹人側目，就像是有人天生較有桃花運的命，所以，不但陶木晟容易讓老師疼愛他，更是班上小女生常常討論的白馬王子；由於年紀小時還沒有什麼男女差異性，陶木晟也還算是個品學兼優的好孩子，但隨著年齡稍長些，慢慢的有男生愛女生的觀念和意識來，大概從五年級開始，陶木晟就交了他生平的第一

個女朋友，家長也覺得小孩子的情感就像是兩小無猜般的純真，也不覺得有什麼不好。但是，沒想到他一開始有女朋友後，動不動就是帶著他的小女朋友到處遊玩，光是蹺課不說，有一次還不知道跑到哪裡玩，竟然整晚沒回家，讓兩家的父母都緊張的要命，當然，女方的家長從此以後也不准他們再聯絡，甚至為此還將她辦理轉學。但從此之後，陶木晟從來沒有停止交女朋友，而且，說也奇怪，就是有很多小女孩，也很想和他交往，實在令人不敢相信現在的小學生早熟的程度。

到了上國中，情況就更嚴重了，陶木晟就像是擁有偶像明星般的魅力，常常是很多班級的女孩子爭風吃醋的對象，再加上到了青少年的階段，兩性對異性的好奇和興趣，更是有別於小孩子的時期，尤其在這個資訊發達，各種媒體的尺度都越來越開放的現今社會，更是讓陶木晟和女同學初嚐禁果起來，由於交過太多女朋友，甚至會同時交好幾個女朋友的他，光是因他懷孕而墮胎的女學生就有三個，有些女學生的家長更是氣憤的想把他送到警察局去，真是讓陶木晟的爸媽困擾不已。

雖然說陶木晟還不算是什麼壞孩子，甚至平常看起來也是像規規矩矩的學生，但就是在交女朋友這件事上讓他和家人都煩惱不已，說陶木晟不懂事，似乎也太過牽強，尤其在和輔導老師約談時，他也知道有些事做了對女生會有影響，但他就是無法克制自己不去交女朋友，而且，只要一談戀愛，他就是會連功課、家人都不管的那種人，一天到晚曠課帶女朋友到處玩，可想而知，他的課業當然是好不起來，不管爸媽怎麼跟他說，他就是聽到時當一回事，轉過身就什麼對錯觀念都忘光光了，讓陶木晟爸媽傷透腦筋！

後來，經朋友介紹陳老師指點後，將陶木晟的名字動了一個字，情況就慢慢的改變，連他自己都很意外，以前無法克制的衝動，現在都能較理智的去處理了，也慢慢的重拾課本到學校好好上課了。

(二)孩子不唸書只愛玩，有法可解

當大家都為著唸國中而忙於決定到哪一家補習班補英文、數學，或是開始到書局找參考書的時候，今年十二歲的陳右軒卻像活在世外桃源的孩子般，整天快樂的在電動玩具中流連忘返。經常是一個禮拜回家二、三天的陳右軒認為，人生最重要的莫過於每天都有電動玩具可以打，或者是有車子去飆飆車了。

其實，他原本的生活並不是這樣的，陳右軒有個乖巧而規矩的兒時，但是，自從上了高年級以來，認識了阿國這一幫人後，他的生活似乎就有了莫大的變化，阿國這一幫人就像是校園的黑社會般，小小年紀的他們，由於有幾個稍長的高中、國中生幫他們撐腰，或者應該說是加以訓練他們，在學校中，不但打架鬧事樣樣都有他們的份，甚至是私底下威脅同學拿出保護費，以供應他們平日的花費。

陳右軒認識他們也是在一個偶然的機會下，只因為一次下雨時，借了把傘給不認識的阿國，讓阿國覺得他很有義氣，便邀他一同加入幫派，原本，陳右軒也有點排斥，畢竟是很不同於他原本單純的世界。

但是，在他那個充滿好奇的階段，再加上阿國他們的花花世界，讓陳右軒也開始動心，接著，從服裝和以往不同，書包也故意背的斜斜的，頭髮還跟著抹油，看著阿國他們都會吸煙，像是一種大人的象徵，驅使著他也想嚐試看看。由於陳右軒的爸媽是從事賣早點和自助餐工作的，因此，每天早出晚歸，不打緊，一回家夫婦倆不是忙著準備明早的東西，要不就是累得連看電視的力氣都沒有，更何況，向來懂事乖巧的陳右軒，怎麼也沒有想到會讓他的父母被學校通知，他需要留校察看和特別輔導，真是讓他們夫妻感到驚恐萬分，但似乎，當他們知道問題的嚴重性時，陳右軒的生活已經被阿國他們教得很糟糕了，不但會抽煙、喝酒，還在耳朵上打了六個耳洞，滿口的髒話更是讓人很難和兩年前的他聯想在一起，陳右軒的父母即使想改變這樣的狀況，似乎也因為很難跟他溝通，而爭吵不斷。

現在，如果要找陳右軒，大概都要從撞球場、電動玩具店或是飆車路上才能找到他了，陳右軒的父母都是很傳統的人，發現孩子變成這樣，就覺得是一件見不得人的事，既不會和學校商量，也不知道要尋求什麼改進的管道，所幸陳右軒的小阿姨，是和他媽媽感情最要好的姊妹，由於她本身受過老師的指點，而她的身體狀況改善很多，因此，就介紹他們給大師認識，在經過老師的指點，將陳右軒的名字配合他的生辰和各種條件改名後，情況果然改善很多，包括開始回家吃晚飯，學校的課也都乖乖的去上，再遇到阿國他們，剛開始有時也會抵擋不了同儕的壓力，但慢慢的會開始躲避他們出沒的地方，或故意繞道而行，久了，阿國他們也就不把他算作一份子，當然，最高興的是陳右軒的父母，像是一個離家出走的孩子又回來般，所謂「浪子回頭金不換」是最難能可貴的。

㈢自小病灶纏身，該如何是好？

汪育德今年八歲，一般而言在他這個年紀，通常都是活潑亂跳的年齡，尤其是男孩子在這個階段，不是好奇心特別強，不然就是一刻也坐不住的和同學鄰居到處遊玩，但是這樣的光景卻很難在汪育德的身上看到，骨瘦如柴的身軀，讓人看了都很替他擔心，深怕風只要稍微吹大一點，就可能會把他吹倒般，特別是他青黃色的臉蛋，沒有一絲小孩子應有的紅潤，不打緊，兩眼無神的瞳孔和沒有血色的雙唇，不難讓人聯想起落後國家中三餐不濟的小孩，若說是因為家庭關係，那又對汪育德的父母太不公平了，因為，雖稱不上是多富有的人家，但對汪育德的照顧，可說是打從娘胎出生便是無微不至，養他一個小孩的精神和氣力，甚至是花費，都足以養兩個小孩，只是汪育德的身體實在差得令人無法相信。

從出生開始，由於早產的關係，所以頭三個月幾乎都是待在醫院的保溫箱裡，再加上他的體質又出奇的糟，彷佛是命在旦夕般，三個月中就發了無數次的高燒，而且，更糟的是過敏性的體質對藥物又有許多不適應的狀況突發，打針打得小小的手臂都浮腫不已，能夠存活下來可說是連醫生和護士都覺得不可思議，但是，雖是保住了一條命，對汪育德而言，活到現在，八年的日子中，醫院可以說是他第二個家了。

從小，只要任何的流行性感冒，沒有一次是會錯過他的，尤其是這幾年來，流行性感冒的病毒所引發的症狀越來越難治療，可想而知，汪育德只要一染上感冒，通常要在醫院躺個五天十天是跑不了的，再加上胃腸的吸收能力又不好，所以，即使媽媽想盡辦法煮了各種可口的營養佳餚，汪育德根本就是吃不了多少，就算多吃點也長不了多少肉，光是為了改善他的身體，汪育德的父親可說是查訪過各大名醫，無論是用先進的醫療儀器做檢驗，或是用傳統的中醫食療法，還是沒什麼起色，特別是罕見的地中海貧血症也發生在汪育德的身上，真是讓汪育德的父母和奶奶從小就擔心他的身體，幾乎沒有一天能放下這個牽掛，只要天氣一變，不用等氣象局公布，也不用翻看農民曆，就可以從汪育德的噴嚏和接二連三的發燒、住院知道天氣有所轉變了。

當然，自小吃的藥比吃的飯還多的汪育德，身體也似乎因為藥物的化學作用而讓整個人的氣味都充滿了一股藥味，有醫生建議他們可從運動著手，因為，一般來說，適當的運動不但能強身，並且能對腸胃的吸收功能有所增強，特別是適合各種年齡層的有氧運動，例如：游泳、慢跑、爬山、有氧舞蹈之類的活動，沒想到汪育德一嘗試運動，問題反而更大，由於長期或坐、或躺的他，僅僅是走個二十分鐘的路，竟然雙腳浮腫，最嚴重的是他那顆小小的心臟，根本就無法負荷一丁點的刺激，也就是說，對他而言能做的運動，大概就是我們一般在運動前的暖身操，就已經綽綽有餘了，有親戚告訴汪德育的媽媽，搞不好是汪育德出生時沖到什麼有的沒的，所以身體才這麼糟，不然，怎麼會全家都好好的，連小他三歲的妹妹五年內生過病的次數都沒他一個月來的多，因此，汪育德的媽媽開始跟著人求神問卜好幾個月，問過好幾個有名的廟宇，每一家跟她說的也都有出入，讓她更是不知所措！

看著應該上國小二年級的汪育德，卻因為曠課住院的日子過多，連一年級的課都修不完，正打算是不是應該先讓他休學個半年、一年時，正巧鄰居王太太的朋友來訪，談著談著，王太太的朋友倒是很熱心介紹她去給老師看看，由於不用吃藥打針，也沒有什麼特別的儀式，再加上王太太朋友的鄭重推薦，也就抱著姑且一試的心態去看看，沒想到汪育德的身體在短短的四個月就有驚人的改變，不但食量變大了些外，感冒的次數也明顯少了一半以上，連體重都多了兩公斤，看到汪育德有朝氣，不但讓家人欣慰不少外，更是由衷感謝大師的指點，想想，如果能早點認識大師，不就可以讓這孩子少受很多苦嗎？

㈣小孩不聽管教，惹得父母淚漣漣？㈠

說起難纏的孩子，大家第一個想到的就是——這個令人既頭痛又束手無策的孩子。

小時候的蔡誠寬是一個聰明靈敏的小孩，不論任何事，只要大人們說過一次，誠寬一定不會忘記；無論犯過任何錯，只要被教訓過一次，蔡誠寬絕不再犯，而且他驚人的記憶力，常是父母親的好幫手，總幫爸爸媽媽記住了很多事情。不論是電話號碼、臨時的約定或取消的約會、約定地點，甚至是鑰匙、打火機、煙灰缸的位置等等……，爸媽對他是既放心又疼愛。唯一令他們煩惱的小問題就是——蔡誠寬太好動了，就像過動兒一樣的坐不住。

蔡誠寬的父母以為這是無關緊要的小問題，誰也沒想到這個問題卻隨著時間增長，慢慢擴大到不可收拾的地步。

小學時，蔡誠寬就常因愛說話且調皮搗蛋被老師叫到教室後面罰站，不過那時蔡誠寬的功課憑恃的是天生聰穎，就算每天回家後不複習功課，考試的分數依然很高，每個學期都是前三名。

一直到上了國一，不愛讀書的蔡誠寬總還是可以將成績維持在全班的前半段，那時候的蔡誠寬因為太調皮，已經成為班上的孩子王了，時常帶頭領著全班同學跟老師搗蛋，甚至還被選為班長，沒有一個老師治得了他，爸爸媽媽總是認為只要功課還不錯，成績可以維持，其他的也就不太計較了。沒想到國二時，蔡誠寬這種「上課時聽講，回家卻不複習」的方式已無法跟得上班上的進度，成績因此開始一落千丈，從來沒有面對過父母嘮叨和責罵的他，也漸漸出現叛逆的行為，剛開始只是不唸書，後來連在學校時也不專心聽課，而且變本加厲的在上課時帶領著全班玩鬧、搗亂。國中畢業時，蔡誠寬已被記了兩個大過兩個小過，不用說，高中聯考當然是名落孫山了。

爸媽想盡辦法，為蔡誠寬找了一所高中唸，可是蔡誠寬卻依然不改習性，總是不願意好好唸書，在高中生涯中，蔡誠寬依然是班上的頭頭，而且認識了很多「外面」的朋友，於是，蔡誠寬開始翹課，他完全不在乎也不害怕會被留級或是退學，反正這所私立學校，只要有錢，什麼都好談，蔡誠寬看準了爸媽為了面子一定不會讓他被退學，因而有恃無恐，每天假裝背著書包上學，事實上並沒有在學校出現，而是和朋友在外面閒逛，一個月中出現在學校的時間不超過三分之一，不用說，大學聯考當然也沒他的份了。

蔡誠寬的父母決定先讓蔡誠寬去當兵，當完了兵再去補習重考，他們總希望蔡誠寬可以在當兵時收收心，變得穩重、懂事一點，他們將所有的希望完全寄託在蔡誠寬當兵的這段時間，希望蔡誠寬能夠有所改變。

二年了，父母的期望卻事與願違。蔡誠寬退伍了之後，雖然依著父母的心願進了重考班，但依然整天游手好閒，無所事事，而且開銷日漸增加，用錢就像流水一樣，毫無節制，重考了幾年都沒考上，每天過著飯來張口、茶來伸手的日子。

蔡誠寬的父母覺得不再想想辦法不行，於是他們到處詢問，找遍了張老師和坊間的心理諮詢顧問，不是沒有用，就是引起蔡誠寬更大的反應，眼看著蔡誠寬就要年逾二十五了，卻仍然一事無成，蔡誠寬的父母急得就像是熱鍋上的螞蟻，就在這時，蔡誠寬的父母聽朋友談到陳老師，他們決定去試一試，聽一聽陳老師的意見，或許陳老師就是那個可以幫助蔡誠寬、改變蔡誠寬的人。

陳老師分析：

蔡誠寬，天格18劃、屬金，人格31劃、屬木，地格29劃、屬水，外格16劃、屬土，總格46劃、屬土，為天格剋人格、地格生人格、人格剋外格、外格剋地格、天格生地格、外格生天格、總格生天格、人格剋總格、外格生總格、總格剋地格之格局。

地格生人格，人格剋外格使得誠寬的嘴巴甜、點子多，但不見得可以實行，雖然誠寬有小聰明，可惜他輕浮、愛冒險又好面子的個性，讓他想的點子常遊走在法律邊緣，出社會之後的誠寬，更因為想衝刺，想快點賺大錢，事業會遭到大起大落的命運，看在親人眼中盡是傷心，偏偏家人要影響他又不容易，讓他聰明反被聰明誤。

誠寬的父母一直希望他能夠再唸書，陳老師也建議，若家庭經濟不錯，不需他負擔經濟，倒是可以再拾起書本衝刺，陳老師並說，由於誠寬本身是聰明的，他的名字裡最大的缺憾在於他懂得看長輩眼色，讓長輩捉不住他在想什麼？若改一下名字，讓他聽得進長輩的話，以他的聰明，想考取學校並不困難，日後的路也比較穩紮穩打。

(五)小孩不聽管教，惹得父母淚漣漣？(二)

今年十歲的錢妙穎留著兩條長長的辮子，襯托著清秀的臉蛋，一看就知道是人見人愛的好女孩，但是，在認識陳老師前，你可能很難想像她滿嘴粗話，動不動就跟父母吵架，連在學校，都是訓導處頭痛的問題學生。

說也奇怪，家裡排行老么的錢妙穎從小可說是集三千寵愛於一身，她的爸媽因為生了三個兒子，盼個女兒盼了好久，對她倍加疼愛外，爺爺奶奶也因為只有這麼一個孫女，尤其又長得相貌可人，所以，自小對她可以說是用溺愛來形容了，再加上三個哥哥都比她大個八、九歲以上，因此，從她出生起，哥哥都是帶著保護和疼愛的心情在對他們這唯一的一個小妹，因為是家中的獨生女，因此，不像她的二哥和三哥，很多的生活用品和衣物多是用前一個哥哥沒用完的，一切的東西全都是新的，在這樣的家庭長大的孩子，應是最幸福不過的了，可是，說也奇怪，從她是嬰兒起，就不是一個讓人覺得好養的小孩，總是很喜歡哭鬧的性子一直是家人覺得很頭大的問題，不只睡醒會哭、尿濕了會哭，這種一般小嬰兒會哭的原因，她都是哭得又大聲又可憐，甚至是些奇怪的狀況。

例如：哥哥逗她玩時忽然一下不見，她也能哭，睡的姿勢擺不對她也能哭，總之，家中幾乎無時無刻都可以聽到她失聲力竭的哭聲，等到大一些的時候，更是像個小暴君般，經常是一個不如她的意，便是呼天喊地的大叫，不然就是亂摔東西，很多為她買的娃娃，不是被她摔壞，就是被她扯得變形，尤其是對爸媽更是容易生氣，而且，一旦發脾氣又很難安撫下來，好像永遠只會看到她皺著眉頭和張大嘴巴在發飆，很少看到她有笑容的樣子。等到會講話後，更不得了了，經常和家人聊著聊著就罵起人來，尤其是對自己的爸媽，更是父母講她一句，她起碼頂個十句回去，不管是媽媽好言跟她溝通，還是有時爸爸被她擾惱了用罵的方式教她，似乎對情況都沒有改善，當學校老師輔導她時，她自己也知道對父母惡言相向是不對的事，但是就是沒辦法克制自己衝動的個性，尤其越長大，結交到各種不同背景的同學，甚至還學會罵髒話，讓錢妙穎的爸媽頭疼不已，實在想不通是哪裡出了問題？

雖然說對這個女兒是比較寵愛，但也不至於到不管教的地步，光是看她三個哥哥的樣子，就能瞭解錢妙穎的爸媽還稱得上是對孩子教育很成功的父母，只是不知為何，對這個小女兒就是很沒輒，尤其是錢妙穎的爺爺年紀大了，又有高血壓，每次聽到錢妙穎跟爸媽鬥嘴相罵時，都會氣得快腦中風，為了爺爺的身體，錢妙穎的爸爸甚至想將父親先送到弟弟那邊住一陣子，並且在經由一位醫生朋友的介紹下帶錢妙穎去看心理醫生，對這保守的錢妙穎的家人而言可說是尷尬不已，但好像改善的情況也很有限……

很幸運的，錢妙穎的媽媽在一次的高中同學會中，和朋友在講到孩子經時，一位同學建議她可以帶錢妙穎給老師看看，由於同學的再三推薦，也就半信半疑的帶著錢妙穎去拜訪了大師，經過大師的指點後，她的性情似乎也跟著改名後慢慢的改善，不但和父母吵架、頂嘴的情形少很多，也漸漸的能安靜的坐下來想事情，不像從前會任性的發脾氣，當然，最高興的就是錢妙穎的家人，因為，從此他們的家儼然是一個真正和樂的家庭。

㈥小孩熱情跟人走，父母擔心又恐懼？

賴昱翔，十四歲，是個剛上國二的學生，自從昱翔的父親在他七歲那年離家出走後，家中的經濟全由昱翔的母親一手撐起，靠著做饅頭、包子來賣早餐維持生活。昱翔從小和媽媽相依為命，也體諒媽媽的辛苦，每天早上五點就幫著媽媽賣早餐，母子倆過著勤儉刻苦的生活，鄰居們無不稱讚昱翔是一個孝順乖巧的小孩，賴母的內心也倍感溫馨。

開明的賴母從來就不會從成績的好壞來評量孩子，即使昱翔在班上的功課不佳、不愛唸書，賴母也以「人各有志」來安慰昱翔，不給他壓力，升國二那年，昱翔不好不壞的成績自然就被分到中段班。

分班的第一個學期，昱翔仍然乖乖的幫媽媽賣早餐，第二學期後，昱翔開始藉口推托，從一天、兩天，到五天、十天，昱翔出現在早餐店的次數愈來愈少，最後乾脆賴床不起，讓媽媽一個人忙裡忙外。

眼見昱翔的改變，賴母雖然擔心，又問不出個所以然，有幾次她甚至懷疑自己是不是因為照顧生意而忽略了兒子？但是回頭想想，昱翔其實和平常沒什麼兩樣，大概是開始進入成長期，才會怪怪的吧！

日子一天天地過去，有一天，一位時常來買早餐的客人見昱翔不在，好奇的問賴母昱翔的近況，並告訴她：「妳的兒子在學校打人，被記了過，妳都不知道嗎？」

聽到孩子打人？賴母的心好似被揪了無數下，心痛不已，她沒有辦法想像昱翔打人的模樣，原本，她以為昱翔是怕被同學嘲笑才不到早餐店幫忙，卻沒想到昱翔已經在不知不覺中變壞了。賴母回想起她和昱翔最近相處的情形，怎麼樣都沒辦法把安靜、孝順的昱翔和打人的、學壞的昱翔聯想在一起……

聽了客人的敘述，賴母再也無心做生意，急忙收了早餐店，想回家換套衣服，到學校跟導師談一談，沒想到一踏進門就聞到滿屋子煙味，賴母無法相信自己的眼睛，心愛的孩子正坐在沙發上抽著煙，並沒有去上課。

心慌的賴母一時不能接受事實，以急速口吻，一連串的罵昱翔：「什麼時候學會抽煙」、「為什麼翹課不唸書」、「為什麼要打人」，而昱翔的一句「妳煩不煩？不要管我！」更令賴母驚嚇，只能眼睜睜地、錯愕地望著孩子拿著書包出門。

賴母心灰意冷的拿起電話向導師詢問，才知道導師對昱翔也莫可奈何。根據導師的說法，昱翔應該是交了壞朋友才會性情丕變，然而，賴母卻聽不進導師的話，她只想知道一個從來不跟媽媽頂嘴的孩子，為什麼在短短的時間內變壞？

賴母心急如焚，不知要如何跟孩子溝通，遂經早餐店客人的介紹來請教老師！

陳老師分析：

賴昱翔，天格17劃、屬金，人格25劃、屬土，地格21劃、屬木，外格13劃、屬火，總格37劃、屬金，為地格剋人格、外格生人格、人格生天格、人格剋地格、外格剋天格、地格生外格之格局。

從賴昱翔的姓名來看，他是屬於在家聽父母，出外聽朋友的格局，由於小時和母親相依為命，賴昱翔自然不敢拂逆母親的話，對於母親交代的事大都盡全力完成。但由於賴昱翔是全陽格（即天、人、地、外、總格均為單數劃），平常是個不多話、有事悶在心中的「大悶騷」，不認識他的人從外表上還以為他極嚴肅，其實，昱翔是屬於一鳴驚人型，只要一開口就有過人的幽默，易引起同儕注意。

失去父愛的昱翔，只能享受母愛，因此，昱翔對於朋友的渴望比一般小孩要來得多，只要有人在一旁挑撥幾句，他那衝動的個性就一發不可收拾，偏偏昱翔又是個講義氣、耳根子軟的人，對朋友兩肋插刀更不在話下。因此，賴昱翔受人利用、引誘的機會又比別人大，可謂典型的近朱則赤、近墨則黑、近好則好、近壞則壞。

面對焦急的賴母，老師首先要她放心，因為賴昱翔的本性並不壞，只因為他的名字是個會受朋友影響，且聽朋友的話比聽他母親的話更多的人，所以不難解釋他為何在小時候對母親孝順，交上壞朋友後就判若兩人的情形。

聽了陳老師的分析後，賴母的心情好了許多，老師並幫賴昱翔取了一個不會只聽片面之詞，而是能夠聽得下母親的話的小名，並告訴賴母：有空要多與昱翔聊聊，家中經濟雖然重要，孩子在成長期的發展也要更注意。

柒

(一)打破熊崎式凶數之說

多少劃是凶?多少劃為吉?

坊間之姓名學，大都論及相剋為凶，相生為吉，使得多數人見自己的姓名筆劃為凶數或三才的姓名格局為凶，下一秒即變得心神不寧，無法做事；而見到姓名為吉數，才又高興萬分，欣喜若狂，忘了努力。

其實，姓名學不應只論筆劃和三才運勢之吉凶，如果只以三才之吉凶、相生、相剋來論斷的話，實在太斷章取義了，因為三才尚需配合外格、總格及天運來生剋，或以五行的生剋，所產生的各種狀況來論斷才是。

三才只有天格、人格、地格，如果以此三格是否相剋而否定姓名相生之可能性，未免太過武斷。其實，在三才之外，還有外格和總格，三才和外格及總格之間相互牽引的關係，不可不注意，而從五格的相生相剋關係來論命盤，才能綜斷其成敗休咎。

(二)直斷式姓名學之吉格劃數配合

畫數	二畫之姓			
姓氏	丁力刀刁匕 卜乃			
姓名之吉格畫數配合	6 [1, 2, 6, 5] 3, 8, 11 ／ 13	6 [1, 2, 16, 5] 3, 8, 21 ／ 23	9 [1, 2, 10, 8] 3, 12, 18 ／ 20	18 [1, 2, 10, 17] 3, 12, 27 ／ 29
	16 [1, 2, 6, 15] 3, 8, 21 ／ 23	16 [1, 2, 16, 15] 3, 18, 31 ／ 33	8 [1, 2, 10, 7] 3, 12, 17 ／ 19	19 [1, 2, 10, 18] 3, 12, 28 ／ 30
	17 [1, 2, 6, 16] 3, 8, 22 ／ 24	17 [1, 2, 16, 16] 3, 18, 32 ／ 34	9 [1, 2, 20, 8] 3, 22, 28 ／ 30	18 [1, 2, 20, 17] 3, 22, 37 ／ 39
	13 [1, 2, 14, 12] 3, 6, 26 ／ 28	14 [1, 2, 14, 13] 3, 16, 27 ／ 29	8 [1, 2, 20, 7] 3, 22, 27 ／ 29	19 [1, 2, 20, 18] 3, 22, 38 ／ 40

※取名要訣①凶數不是凶、吉數難言為吉、吉數中有生無化為大凶、吉數中有生恐不富也無貴、吉數中過多恐藏凶、凶數中有制為不貴則富、凶數中有生有制不富也來貴。

（再配合八字喜忌）

畫數	三畫之姓			
姓氏	于干弓子万 土川女上山 大丈勺千士			
姓名之吉格畫數配合	7 [1, 3, 5, 6] 4, 8, 11 14	17 [1, 3, 25, 16] 4, 28, 41 44	22 [1, 3, 20, 21] 4, 23, 41 44	10 [1, 3, 18, 9] 4, 21, 27 30
	7 [1, 3, 15, 6] 4, 18, 21 24	12 [1, 3, 10, 11] 4, 13, 21 24	14 [1, 3, 12, 13] 4, 15, 25 28	20 [1, 3, 18, 19] 4, 21, 37 40
	17 [1, 3, 15, 16] 4, 18, 31 34	12 [1, 3, 20, 11] 4, 23, 31 34	14 [1, 3, 22, 13] 4, 25, 35 38	13 [1, 3, 10, 12] 4, 13, 22 25
	7 [1, 3, 25, 6] 4, 28, 31 34	22 [1, 3, 10, 21] 4, 13, 31 34	24 [1, 3, 22, 23] 4, 25, 45 48	13 [1, 3, 20, 12] 4, 23, 32 35

※取名要訣②五行變化之關係，都喜用相生來構成，其實經筆者研究結論，相生多不是喜，多剋不是剋，有生無剋才不利，被生多無化才大凶，有剋無生凶中一定藏吉，要應用全局演化，否則只有徒增困惱或不吉。（要再配合八字喜忌）

畫數	四畫之姓			
姓氏	孔戈毛方卞 巴勾任牛水 犬尤文尹元 支公仇			
姓名之吉格畫數配合	15 [1, 4, 12, 14] 5, 16, 26 — 30	13 [1, 4, 10, 12] 5, 14, 22 — 26	8 [1, 4, 6, 7] 5, 10, 13 — 17	20 [1, 4, 20, 19] 5, 24, 39 — 43
	15 [1, 4, 13, 14] 5, 17, 27 — 31	14 [1, 4, 10, 13] 5, 14, 23 — 27	8 [1, 4, 16, 7] 5, 20, 23 — 27	20 [1, 4, 10, 19] 5, 14, 29 — 33
	6 [1, 4, 13, 5] 5, 17, 18 — 22	13 [1, 4, 20, 12] 5, 24, 32 — 36	18 [1, 4, 16, 17] 5, 20, 33 — 37	15 [1, 4, 22, 14] 5, 26, 36 — 40
	16 [1, 4, 13, 15] 5, 17, 28 — 32	14 [1, 4, 20, 13] 5, 24, 33 — 37	18 [1, 4, 6, 17] 5, 10, 23 — 27	16 [1, 4, 23, 15] 5, 27, 38 — 42

※取名要訣①凶數不是凶、吉數難言為吉、吉數中有生無化為大凶、吉數中有生恐不富也無貴、吉數中過多恐藏凶、凶數中有制為不貴則富、凶數中有生有制不富也來貴。

（再配合八字喜忌）

數畫	五畫之姓			
姓氏	王丘包冉古	卡石井平左	皮甘田申台	史司白由永
姓名之吉格畫數配合	7 [1 5 12 6] 6 17 18 — 23	5 [1 5 20 4] 6 25 24 — 29	4 [1 5 10 3] 6 15 13 — 18	9 [1 5 5 8] 6 10 13 — 18
	7 [1 5 22 6] 6 27 28 — 33	5 [1 5 10 4] 6 15 14 — 19	14 [1 5 10 13] 6 15 23 — 28	9 [1 5 15 8] 6 20 23 — 28
	17 [1 5 12 16] 6 17 28 — 33	15 [1 5 20 14] 6 25 34 — 39	14 [1 5 20 13] 6 25 33 — 38	19 [1 5 15 18] 6 20 33 — 38
	17 [1 5 22 16] 6 27 38 — 43	15 [1 5 10 14] 6 15 24 — 29	4 [1 5 20 3] 6 25 23 — 28	13 [1 5 18 12] 6 23 30 — 35

※取名要訣②五行變化之關係，都喜用相生來構成，其實經筆者研究結論，相生多不是喜，多剋不是剋，有生無剋才不利，被生多無化才大凶，有剋無生凶中一定藏吉，要應用全局演化，否則只有徒增困惱或不吉。（要再配合八字喜忌）

畫數	六畫之姓			
姓氏	匡朱朴年米 羊安曲西臣 任伍吉牟衣 多			
姓名之吉格畫數配合	11 [1, 6, 16, 10] 7, 22, 26 32	10 [1, 6, 6, 9] 7, 12, 15 21	17 [1, 6, 12, 16] 7, 18, 28 34	9 [1, 6, 4, 8] 7, 10, 12 18
	21 [1, 6, 16, 20] 7, 22, 36 42	10 [1, 6, 16, 9] 7, 22, 25 31	27 [1, 6, 12, 26] 7, 18, 38 44	19 [1, 6, 14, 18] 7, 20, 32 38
	11 [1, 6, 6, 10] 7, 12, 16 22	20 [1, 6, 6, 19] 7, 12, 25 31	18 [1, 6, 13, 17] 7, 19, 30 36	13 [1, 6, 10, 12] 7, 16, 22 28
	21 [1, 6, 6, 20] 7, 12, 26 32	20 [1, 6, 16, 19] 7, 22, 35 41	19 [1, 6, 14, 18] 7, 20, 32 38	13 [1, 6, 20, 12] 7, 26, 32 38

※取名要訣①凶數不是凶、吉數難言為吉、吉數中有生無化為大凶、吉數中有生恐不富也無貴、吉數中過多恐藏凶、凶數中有制為不貴則富、凶數中有生有制不富也來貴。

（再配合八字喜忌）

數畫	七畫之姓
姓氏	冷利余邵何 岑巫成宋完 孚呂吳谷李 江池杜束車 兵貝辛

姓名之吉格畫數配合			
11 [1 7 5 10] 8 12 15 — 22	21 [1 7 15 20] 8 22 35 — 42	24 [1 7 8 23] 8 15 31 — 38	6 [1 7 20 5] 8 27 25 — 32
11 [1 7 15 10] 8 22 25 — 32	15 [1 7 8 14] 8 15 22 — 29	19 [1 7 12 18] 8 19 30 — 37	7 [1 7 20 6] 8 27 26 — 33
21 [1 7 5 20] 8 12 25 — 32	14 [1 7 8 13] 8 15 21 — 28	9 [1 7 12 8] 8 19 20 — 27	9 [1 7 14 8] 8 21 22 — 29
9 [1 7 4 8] 8 11 12 — 19	15 [1 7 18 14] 8 25 32 — 39	19 [1 7 22 18] 8 29 40 — 47	19 [1 7 14 18] 8 21 32 — 39

※取名要訣②五行變化之關係，都喜用相生來構成，其實經筆者研究結論，相生多不是喜，多剋不是剋，有生無剋才不利，被生多無化才大凶，有剋無生凶中一定藏吉，要應用全局演化，否則只有徒增困惱或不吉。（要再配合八字喜忌）

畫數	八畫之姓			
姓氏	周沙明於東 易岳武果屈 季官金房林 汪沈艾狄卓 來宗孟尚			
姓名之吉格畫數配合	1 9 8 14 13 6 18 12 26	1 9 8 28 8 20 27 7 35	1 9 8 14 22 6 27 21 35	1 9 8 28 14 20 33 13 41
	1 9 8 24 13 16 28 12 36	1 9 8 28 18 20 37 17 45	1 9 8 24 22 16 37 21 45	1 9 8 18 8 10 17 7 25
	1 9 8 14 23 6 28 22 36	1 9 8 14 12 6 17 11 25	1 9 8 20 19 12 30 18 38	1 9 8 18 18 10 27 17 35
	1 9 8 24 23 16 38 22 46	1 9 8 24 12 16 27 11 35	1 9 8 30 19 22 40 18 48	1 9 8 28 18 20 37 17 45

※取名要訣①凶數不是凶、吉數難言為吉、吉數中有生無化為大凶、吉數中有生恐不富也無貴、吉數中過多恐藏凶、凶數中有制為不貴則富、凶數中有生有制不富也來貴。

（再配合八字喜忌）

畫數	九畫之姓			
姓氏	南哈秦姚姜 保俞侯柯柳 柴段宣封帥 韋紀查施禹 計風			
姓名之吉格畫數配合	3 [1, 9, 5, 2] 10, 14, 7 / 16	23 [1, 9, 15, 22] 10, 24, 37 / 46	7 [1, 9, 18, 6] 10, 27, 24 / 33	11 [1, 9, 14, 10] 10, 23, 24 / 33
	13 [1, 9, 5, 12] 10, 14, 17 / 26	11 [1, 9, 22, 10] 10, 31, 32 / 41	21 [1, 9, 12, 20] 10, 21, 32 / 41	21 [1, 9, 14, 20] 10, 23, 34 / 43
	23 [1, 9, 5, 22] 10, 14, 27 / 36	19 [1, 9, 20, 18] 10, 29, 38 / 47	21 [1, 9, 22, 20] 10, 31, 42 / 51	17 [1, 9, 18, 16] 10, 25, 34 / 43
	13 [1, 9, 15, 12] 10, 24, 27 / 36	6 [1, 9, 18, 5] 10, 27, 23 / 32	11 [1, 9, 4, 10] 10, 13, 14 / 23	27 [1, 9, 18, 26] 10, 27, 44 / 53

※取名要訣②五行變化之關係，都喜用相生來構成，其實經筆者研究結論，相生多不是喜，多剋不是剋，有生無剋才不利，被生多無化才大凶，有剋無生凶中一定藏吉，要應用全局演化，否則只有徒增困惱或不吉。（要再配合八字喜忌）

畫數	十畫之姓
姓氏	唐孫容師留、晏晁時栗徐、恭烏皋花祖、秦袁高洪倪、席凌夏宮殷、晉奚馬祝翁、耿涂

姓名之吉格畫數配合

外格	天格	人格	地格	總格	筆畫
15	11	22	26	36	1, 10, 12, 14
14	11	16	19	29	1, 10, 6, 13
25	11	26	40	50	1, 10, 16, 24
23	11	24	36	46	1, 10, 14, 22
5	11	22	16	26	1, 10, 12, 4
14	11	26	29	39	1, 10, 16, 13
15	11	16	20	30	1, 10, 6, 14
13	11	34	36	46	1, 10, 24, 12
15	11	32	36	46	1, 10, 22, 14
24	11	26	39	49	1, 10, 16, 23
25	11	16	30	40	1, 10, 6, 24
13	11	14	16	26	1, 10, 4, 12
25	11	32	46	56	1, 10, 22, 24
15	11	26	30	40	1, 10, 16, 14
13	11	24	26	36	1, 10, 14, 12
23	11	34	46	56	1, 10, 24, 22

※取名要訣①凶數不是凶、吉數難言為吉、吉數中有生無化為大凶、吉數中有生恐不富也無貴、吉數中過多恐藏凶、凶數中有制為不貴則富、凶數中有生有制不富也來貴。

（再配合八字喜忌）

畫數	十一畫之姓			
姓氏	乾參區商國 畢崔常梅戚 康張邢那苗 范符胡麥鹿 曹英許梁章 婁海粘尉			
姓名之吉格畫數配合	13 [1 11 14 12] 12 25 26 ── 37	5 [1 11 5 4] 12 16 9 ── 20	25 [1 11 15 24] 12 26 39 ── 50	9 [1 11 8 8] 12 19 16 ── 27
	23 [1 11 14 22] 12 25 36 ── 47	15 [1 11 15 14] 12 26 29 ── 40	11 [1 11 20 10] 12 21 30 ── 41	9 [1 11 18 8] 12 29 26 ── 37
	13 [1 11 24 12] 12 35 36 ── 47	5 [1 11 15 4] 12 26 19 ── 30	11 [1 11 10 10] 12 21 20 ── 31	19 [1 11 18 18] 12 29 36 ── 47
	23 [1 11 24 22] 12 35 46 ── 57	15 [1 11 5 14] 12 16 19 ── 30	21 [1 11 20 20] 12 31 40 ── 51	10 [1 11 10 9] 12 21 19 ── 30

※取名要訣②五行變化之關係，都喜用相生來構成，其實經筆者研究結論，相生多不是喜，多剋不是剋，有生無剋才不利，被生多無化才大凶，有剋無生凶中一定藏吉，要應用全局演化，否則只有徒增困惱或不吉。（要再配合八字喜忌）

畫數	十二畫之姓			
姓氏	堯彭屠欽曾 斐買費荊虞 覃盛童粟辜 邱邵阮馮黃 黑雲項焦傅 程賀郜祁單 喬甯舒			
姓名之吉格畫數配合	1, 12, 14, 14；外 15；13, 26, 28；總 40	1, 12, 23, 5；外 6；13, 35, 28；總 40	1, 12, 6, 15；外 16；13, 18, 21；總 33	1, 12, 6, 16；外 17；13, 18, 22；總 34
	1, 12, 14, 4；外 5；13, 26, 18；總 30	1, 12, 23, 14；外 15；13, 35, 37；總 49	1, 12, 16, 5；外 6；13, 28, 21；總 33	1, 12, 10, 17；外 18；13, 22, 27；總 39
	1, 12, 13, 5；外 6；13, 25, 18；總 30	1, 12, 6, 5；外 6；13, 18, 11；總 23	1, 12, 16, 16；外 17；13, 28, 32；總 44	1, 12, 20, 17；外 18；13, 32, 37；總 49
	1, 12, 13, 15；外 16；13, 25, 28；總 40	1, 12, 16, 15；外 16；13, 28, 31；總 43	1, 12, 16, 6；外 7；13, 28, 22；總 34	1, 12, 10, 21；外 22；13, 22, 31；總 43

※取名要訣①凶數不是凶、吉數難言為吉、吉數中有生無化為大凶、吉數中有生恐不富也無貴、吉數中過多恐藏凶、凶數中有制為不貴則富、凶數中有生有制不富也來貴。

（再配合八字喜忌）

數畫	十三畫之姓			
姓氏	塗楊楚游雷 靳農莊莫詹 解虞賈裘路 湯郁			
姓名之吉格畫數配合	7 [1, 13, 5, 6] 14, 18, 11 — 24	15 [1, 13, 12, 14] 14, 25, 26 — 39	25 [1, 13, 12, 24] 14, 25, 36 — 49	11 [1, 13, 18, 10] 14, 31, 28 — 41
	7 [1, 13, 15, 6] 14, 28, 21 — 34	15 [1, 13, 22, 14] 14, 35, 36 — 49	20 [1, 13, 18, 19] 14, 31, 37 — 50	21 [1, 13, 18, 20] 14, 31, 38 — 51
	17 [1, 13, 15, 16] 14, 28, 31 — 44	5 [1, 13, 12, 4] 14, 25, 16 — 29	12 [1, 13, 10, 11] 14, 23, 21 — 34	12 [1, 13, 20, 11] 14, 33, 31 — 44
	17 [1, 13, 25, 16] 14, 38, 41 — 54	5 [1, 13, 22, 4] 14, 35, 26 — 39	13 [1, 13, 10, 12] 14, 23, 22 — 35	13 [1, 13, 20, 12] 14, 33, 32 — 45

※取名要訣②五行變化之關係，都喜用相生來構成，其實經筆者研究結論，相生多不是喜，多剋不是剋，有生無剋才不利，被生多無化才大凶，有剋無生凶中一定藏吉，要應用全局演化，否則只有徒增困惱或不吉。（要再配合八字喜忌）

畫數	十四畫之姓			
姓氏	廖熊甄臺華 裴趙連郎溫 郝齊翟滕郜 榮管端聞銀 寧壽賓			
姓名之吉格畫數配合	9 [1, 14, 6, 8] 15, 20, 14 28	8 [1, 14, 16, 7] 15, 30, 23 37	16 [1, 14, 22, 15] 15, 36, 37 51	10 [1, 14, 20, 9] 15, 34, 29 43
	9 [1, 14, 16, 8] 15, 30, 24 38	18 [1, 14, 16, 17] 15, 30, 33 47	6 [1, 14, 12, 5] 15, 26, 17 31	20 [1, 14, 20, 19] 15, 34, 39 53
	19 [1, 14, 16, 18] 15, 30, 34 48	18 [1, 14, 6, 17] 15, 20, 23 37	6 [1, 14, 22, 5] 15, 36, 27 41	14 [1, 14, 20, 13] 15, 34, 33 47
	8 [1, 14, 6, 7] 15, 20, 13 27	16 [1, 14, 12, 15] 15, 26, 27 41	26 [1, 14, 22, 25] 15, 36, 47 61	24 [1, 14, 20, 23] 15, 34, 43 57

※取名要訣①凶數不是凶、吉數難言為吉、吉數中有生無化為大凶、吉數中有生恐不富也無貴、吉數中過多恐藏凶、凶數中有制為不貴則富、凶數中有生有制不富也來貴。

（再配合八字喜忌）

畫數	十五畫之姓			
姓氏	墨樂童郭黎 劉葉歐萬葛 魯樊樓厲談 鞏練標			
姓名之吉格畫數配合	17 [1, 15, 12, 16] 16, 27, 28 ／ 43	15 [1, 15, 10, 14] 16, 25, 24 ／ 39	24 [1, 15, 20, 23] 16, 35, 43 ／ 58	23 [1, 15, 18, 22] 16, 33, 40 ／ 55
	7 [1, 15, 12, 6] 16, 27, 18 ／ 33	15 [1, 15, 20, 14] 16, 35, 34 ／ 49	4 [1, 15, 20, 3] 16, 35, 23 ／ 38	9 [1, 15, 15, 8] 16, 30, 23 ／ 38
	7 [1, 15, 22, 6] 16, 37, 28 ／ 43	5 [1, 15, 20, 4] 16, 35, 24 ／ 39	4 [1, 15, 10, 3] 16, 25, 13 ／ 28	19 [1, 15, 15, 18] 16, 30, 33 ／ 48
	17 [1, 15, 22, 16] 16, 37, 38 ／ 53	14 [1, 15, 10, 13] 16, 25, 23 ／ 38	13 [1, 15, 18, 12] 16, 33, 30 ／ 45	19 [1, 15, 5, 18] 16, 20, 23 ／ 38

※取名要訣②五行變化之關係，都喜用相生來構成，其實經筆者研究結論，相生多不是喜，多剋不是剋，有生無剋才不利，被生多無化才大凶，有剋無生凶中一定藏吉，要應用全局演化，否則只有徒增困惱或不吉。（要再配合八字喜忌）

畫數	十六畫之姓			
姓氏	衛陳陸霍賴 龍陶潘盧錢 駱穆鄂閻鮑			
姓名之吉格畫數配合	8 [1, 16, 13, 7] 17, 29, 20 36	9 [1, 16, 14, 8] 17, 30, 22 38	10 [1, 16, 16, 9] 17, 32, 25 41	21 [1, 16, 6, 20] 17, 22, 26 42
	8 [1, 16, 23, 7] 17, 39, 30 46	19 [1, 16, 14, 18] 17, 30, 32 48	20 [1, 16, 16, 19] 17, 32, 35 51	11 [1, 16, 6, 10] 17, 22, 16 32
	18 [1, 16, 13, 17] 17, 29, 30 46	19 [1, 16, 4, 18] 17, 20, 22 38	11 [1, 16, 16, 10] 17, 32, 26 42	16 [1, 16, 20, 15] 17, 36, 35 51
	9 [1, 16, 24, 8] 17, 40, 32 48	10 [1, 16, 6, 9] 17, 22, 15 31	21 [1, 16, 16, 20] 17, 32, 36 52	13 [1, 16, 20, 12] 17, 36, 32 48

※取名要訣①凶數不是凶、吉數難言為吉、吉數中有生無化為大凶、吉數中有生恐不富也無貴、吉數中過多恐藏凶、凶數中有制為不貴則富、凶數中有生有制不富也來貴。

（再配合八字喜忌）

畫數	十七畫之姓			
姓氏	蔡蔣韓鄒鄔 謝鍾應繆陽 隋勵翼			
姓名之吉格畫數配合				
	15 [1, 17, 18, 14] 18, 35, 32 / 49	19 [1, 17, 22, 18] 18, 39, 40 / 57	21 [1, 17, 5, 20] 18, 22, 25 / 42	11 [1, 17, 21, 10] 18, 38, 31 / 48
	15 [1, 17, 8, 14] 18, 25, 22 / 39	11 [1, 17, 5, 10] 18, 22, 15 / 32	5 [1, 17, 18, 4] 18, 35, 22 / 39	19 [1, 17, 22, 18] 18, 39, 40 / 57
	17 [1, 17, 20, 16] 18, 37, 36 / 53	11 [1, 17, 15, 10] 18, 32, 25 / 42	7 [1, 17, 20, 6] 18, 37, 26 / 43	21 [1, 17, 21, 20] 18, 38, 41 / 58
	19 [1, 17, 12, 18] 18, 29, 30 / 47	21 [1, 17, 15, 20] 18, 32, 35 / 52	11 [1, 17, 11, 10] 18, 28, 21 / 38	9 [1, 17, 12, 8] 18, 29, 20 / 37

※取名要訣②五行變化之關係，都喜用相生來構成，其實經筆者研究結論，相生多不是喜，多剋不是剋，有生無剋才不利，被生多無化才大凶，有剋無生凶中一定藏吉，要應用全局演化，否則只有徒增困惱或不吉。（要再配合八字喜忌）

畫數	十八畫之姓			
姓氏	魏簡蕭顏戴 闕儲鄞聶豐 睢董璩			
姓名之吉格畫數配合	1 18]19 6]24 12 11]17 35	1 18]19 6]24 13 12]18 36	1 18]19 14]32 11 10]24 42	1 18]19 20]38 24 23]43 61
	1 18]19 16]34 12 11]27 45	1 18]19 16]34 13 12]28 46	1 18]19 14]32 21 20]34 52	1 18]19 20]38 8 7]27 45
	1 18]19 16]34 22 21]37 55	1 18]19 16]34 23 22]38 56	1 18]19 4]22 21 20]24 42	1 18]19 20]38 18 17]37 45
	1 18]19 6]24 22 21]27 45	1 18]19 4]22 11 10]14 32	1 18]19 20]38 14 13]33 51	1 18]19 10]28 18 17]27 45

※取名要訣①凶數不是凶、吉數難言為吉、吉數中有生無化為大凶、吉數中有生恐不富也無貴、吉數中過多恐藏凶、凶數中有制為不貴則富、凶數中有生有制不富也來貴。

（再配合八字喜忌）

畫數	十九畫之姓			
姓氏	龐譙鄧關薄 鄭薛譚			
姓名之吉格畫數配合	13 [1, 19, 5, 12] 20, 24, 17 36	11 [1, 19, 4, 10] 20, 23, 14 33	17 [1, 19, 18, 16] 20, 37, 34 53	11 [1, 19, 12, 10] 20, 31, 22 41
	23 [1, 19, 5, 22] 20, 24, 27 46	21 [1, 19, 4, 20] 20, 23, 24 43	7 [1, 19, 18, 6] 20, 37, 24 43	11 [1, 19, 22, 10] 20, 41, 32 51
	13 [1, 19, 15, 12] 20, 34, 27 46	11 [1, 19, 14, 10] 20, 33, 24 43	9 [1, 19, 10, 8] 20, 29, 18 37	21 [1, 19, 22, 20] 20, 41, 42 61
	23 [1, 19, 15, 22] 20, 34, 37 56	21 [1, 19, 14, 20] 20, 33, 34 53	19 [1, 19, 10, 18] 20, 29, 28 47	21 [1, 19, 12, 20] 20, 31, 32 51

※取名要訣②五行變化之關係，都喜用相生來構成，其實經筆者研究結論，相生多不是喜，多剋不是剋，有生無剋才不利，被生多無化才大凶，有剋無生凶中一定藏吉，要應用全局演化，否則只有徒增困惱或不吉。（要再配合八字喜忌）

畫數	廿畫之姓			
姓氏	竇繼羅嚴藍 鐘闞釋爐			
姓名之吉格畫數配合	15 [1, 20, 6, 14] 21, 26, 20 40	24 [1, 20, 6, 23] 21, 26, 29 49	25 [1, 20, 16, 24] 21, 36, 40 60	10 [1, 20, 10, 9] 21, 30, 19 39
	15 [1, 20, 16, 14] 21, 36, 30 50	24 [1, 20, 16, 23] 21, 36, 39 59	16 [1, 20, 20, 15] 21, 40, 35 55	15 [1, 20, 12, 14] 21, 32, 26 46
	14 [1, 20, 6, 13] 21, 26, 19 39	5 [1, 20, 6, 4] 21, 26, 10 30	16 [1, 20, 10, 15] 21, 30, 25 45	15 [1, 20, 22, 14] 21, 42, 36 56
	14 [1, 20, 16, 13] 21, 36, 29 49	25 [1, 20, 6, 24] 21, 26, 30 50	6 [1, 20, 20, 5] 21, 40, 25 45	5 [1, 20, 12, 4] 21, 32, 16 36

※取名要訣①凶數不是凶、吉數難言為吉、吉數中有生無化為大凶、吉數中有生恐不富也無貴、吉數中過多恐藏凶、凶數中有制為不貴則富、凶數中有生有制不富也來貴。

（再配合八字喜忌）

畫數	廿一畫之姓			
姓氏	顧饒鐵續			
姓名之吉格畫數配合	5 [1 21 11 4] 22 32 15 36	23 [1 21 14 22] 22 35 36 57	15 [1 21 15 14] 22 36 29 50	9 [1 21 18 8] 22 39 26 47
	15 [1 21 11 14] 22 32 25 46	13 [1 21 4 12] 22 25 16 37	15 [1 21 5 14] 22 26 19 40	19 [1 21 18 18] 22 39 36 57
	25 [1 21 11 24] 22 32 35 56	23 [1 21 4 22] 22 25 26 47	25 [1 21 15 24] 22 36 39 60	11 [1 21 10 10] 22 31 20 41
	13 [1 21 14 12] 22 35 26 47	5 [1 21 5 4] 22 26 9 30	9 [1 21 8 8] 22 29 16 37	11 [1 21 20 10] 22 41 30 51

※取名要訣②五行變化之關係，都喜用相生來構成，其實經筆者研究結論，相生多不是喜，多剋不是剋，有生無剋才不利，被生多無化才大凶，有剋無生凶中一定藏吉，要應用全局演化，否則只有徒增困惱或不吉。（要再配合八字喜忌）

畫數	廿二畫之姓			
姓氏	藺蘇龔邊			
姓名之吉格畫數配合	15 [1, 22, 4, 14] 23, 26, 18 40	6 [1, 22, 16, 5] 23, 38, 21 43	18 [1, 22, 10, 17] 23, 32, 27 49	6 [1, 22, 6, 5] 23, 28, 11 33
	25 [1, 22, 14, 24] 23, 36, 38 60	16 [1, 22, 6, 15] 23, 28, 21 43	18 [1, 22, 20, 17] 23, 42, 37 59	12 [1, 22, 10, 11] 23, 32, 21 43
	15 [1, 22, 14, 14] 23, 36, 28 50	16 [1, 22, 16, 15] 23, 38, 31 53	17 [1, 22, 6, 16] 23, 28, 22 44	12 [1, 22, 20, 11] 23, 42, 31 53
	15 [1, 22, 24, 14] 23, 46, 38 60	7 [1, 22, 16, 6] 23, 38, 22 44	17 [1, 22, 16, 16] 23, 38, 32 54	22 [1, 22, 20, 21] 23, 42, 41 63

※取名要訣①凶數不是凶、吉數難言為吉、吉數中有生無化為大凶、吉數中有生恐不富也無貴、吉數中過多恐藏凶、凶數中有制為不貴則富、凶數中有生有制不富也來貴。

（再配合八字喜忌）

畫數	廿三畫之姓			
姓氏	蘭 欒 顯			
姓名之吉格畫數配合	7 [1, 23, 5, 6] 24, 28, 11 ─ 34	5 [1, 23, 12, 4] 24, 35, 16 ─ 39	21 [1, 23, 8, 20] 24, 31, 28 ─ 51	7 [1, 23, 5, 6] 24, 28, 11 ─ 34
	15 [1, 23, 12, 14] 24, 35, 26 ─ 49	12 [1, 23, 10, 11] 24, 33, 21 ─ 44	21 [1, 23, 18, 20] 24, 41, 38 ─ 61	17 [1, 23, 5, 16] 24, 28, 21 ─ 44
	7 [1, 23, 15, 6] 24, 38, 21 ─ 44	12 [1, 23, 20, 11] 24, 43, 31 ─ 54	7 [1, 23, 15, 6] 24, 38, 21 ─ 44	20 [1, 23, 18, 19] 24, 41, 37 ─ 60
	15 [1, 23, 22, 14] 24, 45, 36 ─ 59	22 [1, 23, 20, 21] 24, 43, 41 ─ 64	17 [1, 23, 15, 16] 24, 38, 31 ─ 54	20 [1, 23, 8, 19] 24, 31, 27 ─ 50

※取名要訣②五行變化之關係，都喜用相生來構成，其實經筆者研究結論，相生多不是喜，多剋不是剋，有生無剋才不利，被生多無化才大凶，有剋無生凶中一定藏吉，要應用全局演化，否則只有徒增困惱或不吉。（要再配合八字喜忌）

捌

附錄

附錄㈠：正確筆劃數之說明

文字部首

- 扌（手），提手旁，以手字為四劃，例：提（13）、挑（10）、打（6）。
- 忄（心），立心旁，以心字為四劃。例：愉（13）、恬（10）、悅（11）。
- 氵（水），三點水，以水字為四劃。例：湘（13）、洪（10）、淨（12）、法（9）
- 犭（犬），秉犬旁，以犬字為四劃。例：猶（13）、狠（10）、猿（14）、猛（12）。
- 礻（示），半禮旁，以示字為五劃。例：禎（14）、祥（11）、祺（13）。
- 王（玉），玉字旁，以玉字為五劃。例：瑞（14）、珠（11）、理（7）、玲（10）
- 艹（艸），草字頭，以艸字為六劃。例：萬（15）、草（12）、芝（10）、蓉（16）。
- 衤（衣），半衣旁，以衣字為六劃。例：褐（15）、袱（11）、裕（13）、裴（14）。
- 月（肉），肉字旁，以肉字為六劃。例：腦（15）、脈（12）、育（10）、能（12）。

●辶（辵），走馬旁，以辵字為六劃。例：遇（16）、送（13）、超（12）、起（10）。

●阝（邑），右耳勾，以邑字為七劃。例：都（16）、郊（13）郭（15）、邵（12）。

●阝（阜），左耳勾，以阜字為八劃。例：隊（17）、限（14）、陳（16）。

註：以上係以文字歸類為部首為準，如不歸列以上部首，則仍以形計算實有劃數，如「酒」字屬酉部，非「水」部，故仍為十劃，非十一劃，巡字屬「巛」部非「辵」部，故仍為七劃，而非十劃，照此則可得姓名學標準字劃數。

附錄(二)：劃數容易算誤之文字

1. 五劃數：世、卯、巧。
2. 六劃數：印、臣、系、亥。
3. 七劃數：成、延、辰、廷。
4. 八劃數：函、協、亞、武。
5. 九劃數：飛、革、韋、泰。
6. 十劃數：育、馬、修、泰、晟、酒、致。
7. 十一數：偉、胡、卿、貫、紫、梁、斌。
8. 十二數：博、勝、能、傑、淵、黃、盛。
9. 十三數：祿、鼎、裕、琴、路。
10. 十四數：壽、鳳、華、慈、碧、與、賓。
11. 十五數：增、賜、郵、樣、腳、趣、儀、寬、廣、養。

12. 十六數：勳、達、龍、叡、錫、謁、湍、鄂、興、燕。
13. 十七數：隆、鄉、鴻、陽、嶽、聯、懇、燦。
14. 十八數：豐、環、戴、爵、襖、細、璧。
15. 十九數：麗、寶、繩、贊、璿、攀、蟹。
16. 二十數：瓊、瀚、臏、朧。

註：礻乃示；衤乃衣。上為五數，下為六數。

附錄㈢：百家姓字劃數參考表

一劃

金	木	水	火	土
	乙	一		

二劃

金	木	水	火	土
刀		丁	二	乃了人入力匕卜又几

三劃

金	刃
木	三
水	子
火	丸巳丁
土	土山己
	久乞也于亡凡千丈口士夕大女小川工巾干弓寸下上万

四劃

金	
木	四木
水	壬孔水
火	仇午太心日曰月火仃丹
土	丑牛犬
	不中之支斗予云元互井亢方文卞仁化仍允內切介今公分勿勻勾匹升友及反天夫父母以少尤尹幻引弔戶屯巴尺旡牙手止比毛气戈片斤氏爪欠

五劃

金	申白
木	甲卯禾本末札瓜
水	冬北仔孕永
火	丙尻宄宁屶叮夗包旦
土	五仙出戊未玉生田由石王圢
	正他代付仗兄占右可句古司史只台召外央尼民巨目且皿冊左布市玄立穴它平半 弁弘弗必瓦甘用疋皮矛矢示刊幼奴奶斥氐令功加巧扎丘世丕叶印

六劃

金	西百乩
木	朽朴机朸朾杋竹休朵米衣朱
水	冰次沍汁汀氿亥任好存字囝吁孖汆舟
火	光肖旯旭旨旬行灰伙仵佣打危
土	圳圮圬圩圪地圯屾屹吐在圭吉寺庄戌牟羊老考至妃㚢丟伍件伏再先异艮六
	亦充沖兇兆劣共刑刎刑列刕各合向后名夙多交吏宇安守宅州帆式戎收曳此死羽 而耳肉自臼血舌色虫企仳份仿伉伋伐伎优伬伌伶伀价伝仰仲伊伕曲臣匠囡匠同 因回吊吁吋吃如奸年弛聿牝舛犯扑扔扒忉每成

七劃

金	七伸辛酉兌赤伯皁
木	杆材杉村杖杈杓杠杌杙杅杇杕杚杋杜杞卵困匣秀禿利私杏体束余宋呆宋床
水	冶冷汳江汗汙汝汐池汛汍汊汕汋汌汒汏求孜尿孚孛吼汞孝廷呈妊佟
火	灼灯旰的町災灸忍忘忐忑志忒吹咋旱究昆但佇玎町疔彤究
土	坑均坊圻圾坎址坍坻坽坉坋岐岍岏岈岋岉岭岆岓岌岕岑妞吜吽壯男谷坐坒
	李杍汜灶位佚何估佐作伺低伴佛伶伻佝佈伂佁伭伳攸伽妣妓妨妤妍妏妧忏忖忙
	我戒攻更步甫良見言足豆貝身吝劬劭托邑系串亨君吾吳吞呂克兵判別刞助努告
	吟吭吸吹吵巠巫罕希宏完局尾序延弟形役匉妍

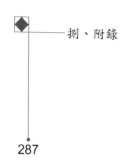

八劃

金	木	水	火	土	
庚斧金佰帕帛呻妽	栖柄枸极杓杭枝杶松杻杷杯枚板林析柘枋枕杼枒和竺呷牀兔芀委艾糾奅妺	冽洗沏汭汽汰沈沉沅沌沖沃汲汾泎沆汶沍沔沘沂汸汧汫沄沋汯沚汭沇沕沜	炖料炆炊炕炒明昕昫昉旼昅昐眏狄朋服肌肋刖京卓奈宗忞忽忠念昏昆昂昌	八住佳佶侍侔佯卦味妹姓妯宙宕岳岸岱岢岦幸夌坼坤坩坷坭坳坱坵坽坡坪	杻杵芄芋艾杲杳杰杺季 汻沁汨沓孢沐 炑林炄有 岬岶坦者弄住岠 快忪忮忡忨忱依佼侃供使侈侊佩例伽侁姒妮姍姑始姁拇扰抆技折扶抒抵扱物牧 初礿犺征徂彼欣放於版所臥帖弨弦盲直妻妾卒夜穹宗宛宓宜空官定抵店府尚居 岡固帑弩或戔房知命侖舍長阜來忝武孟者並些事承奇奉表卷取受叔兒免兩其具 典刷殺刺效協

九劃

金	酋皆哂皈拍庠
木	柯枴柑枸枯柵柝柏柳柿相柙柜枰枷柷柮柆种秕科妙竽竿芋芍芒芄芃芊粁枲
水	癸泳沿河況沼治波泊泫泓泯沾泑泱泛泠泙沷沴泇妹姝俘斿勃
火	炸炬烔炳炫炤炟炩炮映昨昭昫肘肝軌紂約紆紈紅恒怕怲九亭亮音南宣急思
土	垠城垵垟垌垗垏垞峙峒峖砂砒斫眅毗昀玟玫玩型室屋怴性拓禺畏界故封痒
	酊 柊柄柤枉柚柘柮秋查芏芑香芓 法泥泖油泡泊泍泞泧沰泩籽厚 星旺昧肚紀泉肐 炭思峘峋峐垝垙坦垛玥玝研 俅俋俄俙俠侯侵信俊促便侶俟俑怩怔宜怜恒怟怐招祈姻姚姺咪哄呷後律食剋韋 狐則勁勇咢咸哉品契威姜姿客爰帝幽度建彥拜施段帥甚看省眉奕穿宦突冠奐美 耐卻咨虹要計貞門面革風飛首羿政盈禹盃盆為制勉勔

十劃

金	釗神酌針釜原釘釙釛倖
木	桉校栱格根桃桐桁栩秤租秩秘笈笏笊笑芽芥芹花芫芝芳芙芬芨芛芷芸冤柴
水	凌海活洪洲津洗洞派洛洌洳洺洙洮泚洝洟航舫衽殊孫庭衍
火	烜焓烙烔烆烘時股肱肺肥肪軒馬倓倡借倬夏宵宴庫恩恕息恣恙指晉晏晃晁
土	埋埆垸埔峨峽峻峪峰峮砡砧破砲砥畜畔畝珏玻玳珈玿玹玲珂珊珍耄耘耕耗
	釘配 核株桎桂柱桄桓栒栖梅桔桁秝芯炗烋芤栥 洵洸洹洁注洼洊洋泚染 烊烓炷紝紐娟 垶峷珋珀砧恚垺栽皇 倚倨俱候倥修借倪值倜俳倍俯俸倫倭恍恫恢恆恤恬恪袂祐祠祝祖祚秘祓衿挌拾 防訓討託唔哼唏唄唆徑卿差益效旅兼冥剛剖射員哥唐家宮容倉展師席弱恭扇貢 高旁衷殷真窈缺翁晦眠耽臭虔蚊矩衾鬼狩豹貢財隼素索翅乘拳瓶迂青姬秦敏

十一劃

五行	字
金	悅釧釣邪宿皎習愀釵釩釪酖鈙釤釱釮
木	寅彬梳梭械梗梧梓梯桹梠桸移笥笞第符笠笙茄苒茆茉苴苓苡苯苙英苑苫苔
水	浩浚涉浮浦涌浴浪浜浡浣流涓涇涒浸浥浤浧浠浵紺終舷船舸舶雪魚悖淙
火	乾烺烽焌焀焐晞晚胗胚胞胖胎偲停焱娼婥婚勖勗辰冕曼唱庶焑悠悉烹焄鳥
土	埩埏埈堐埠埭堆堀培埴埼埕崆崎崛崍崢珮珥珧珞珓珙珩硉畦略副野動基堅
	釷釘 桴桲桯框梓梩栓桭梃梐桔犁茂茁苧苞苗笙笛埜粕棨悄悁 涍涂浬涑涗 烇細紬絀絃紵紳胛朓販 珠珣埮埻埰堍埥崞崤硃崑累胄偲羜崧婈貫畢 健偶側偵從得徘悛悕悟悌袢祧紾紹組絆絁婉婕婗婄婦娸濕設仿狹啟教救敘敕敗 欸欷欲敝族旋唯啄斜捕強張 勘務區參商問國閉寄窕寂鹿康庸尉將麥專爽率常彗彫戚毫毬眷祭翊翌處蛉袈袋 貨規近那鵲頃阡邢邟邡邧邦勒圇哲焉偽眾悛帶黍偉參狼

十二劃

金	欽鈞鈔鈧鈣鈒鈍鈉鈐鈜鈃酤酣奠尊皖皓弼迫
木	森棋棧植棱棓棕棎椅椎棱稂稀筶策答筑筒等筆筏荒草茸茶荇茹茨棼荔荊茗
水	寒淪涪涴淌淶涪淀済淵淑淳淨淺淇淙添淬涵涿淼邶雰雱雯雲孱猛犉惇敦象
火	焱焙焺焯欻焮焜焙焰晶晰晬脈胴脇脂胸胼軫軸軻軼軺馭悼惔閒景智暑普最
土	堙堸堪場堤堠嵃崿嵎嵋嵫硬硯硫班珺球現理琉琄琅珽凱剴喜單堯壺報堡童
	鈕鈦鈥鈊 椁棹錐棍梃棚稅稃悸筍茜范荏莓荄茱荐莞莖焚粧粞悶間裁傑 淦涼淩混淞淅深淋淡淖淄涯淆渚淘涎粱 絧絩絞給絝絲旭絕統絡絓惔媮 崽堰培堬碌硨琇羨 備傅倩復悰惋惟捲掃捨授捷捧阪阱阮邱邵邸袴視幀幃詒証詔評詠喨嗲喳媛媚割 創博喬善窘窗寓尋幾扉敢斐斯欺欿疏登發短竣翕舒瞬蛤蛬斛貼賀貴買貿躰開閔 圍項須順瓶殘跚量迪絜無黑斌剩媚殖廋

十三劃

金	鈸鉢鉑鉬鉍鉛鉈鈮鍬鈱鉆鈳鉛鉉鉦鉄鈴鈰鉥鉤鉗鉏酮酪猶迺賈猴
木	楙楝楨楣楞楔椿椹極楗楺楫楀楹楔概椿椹椲楓稚稗粳粮荼莉莠莞荷莖楚筮
水	游港測湊湛渡湃渺渫渦渴湄渤渙渼渢湧湋滋湀溲湞渧湸湤湕湲綍艇郬零雯
火	煁煇煥煉煬煜煖煡暇暉暄暗暖脛脫睒暋意感愚想慈愍暈會煦照嬰嫈詢詣載
土	塙堪塎塊塘塚塢塏嵯嵱嵣碱碇碑碗琦琮琲琪琤琱琢畸註誠詩詳嵩僅債催勤
	鉀鉥鉋鉅鈿鈾鈺鉞鉐鉒鉅 楒楷楢椿楠楊楏椯楸楅梢楟楂楦楷楎榆楜稕稜稔禁愀莽莊莫莘荸莩茫筠節筐筳 筌 湝湫湘湣渟湳渥湩湮湍渨渾湯渲湜湖湑渝盜渠滋 煒煙煤煃煨絺綠綎塋塱暌睚睦署 堜塒琥琳琛琰琨碄畹 傲傾僊傳傭傺衙御祺補裕揖揄媛嫆嫊媪嫁誨誇試跳路跡蜂蛾斟新雍歲殿僉睨督 矮禽監聘肆肅裘舅號虞蜀嗇解詹資退嗉郊阿附雉頌頓頒預飲飭飯鼎毽業裝戮嗣 圓奧廉愛毓耶程罩誨望

十四劃

金	銃銑鉫銫銜話銛鉻銬銘鉿銅銚銀銨銦鉹銗銂銕鉽銆銙酷酺鈭鋈說
木	榛榕槁榶榑榤榐榷槐構槙榧榣稱菊菓華菜菩萊菱菸萃菀菌菲萮萓菽菘棻箇
水	溢溫溪源溝準溶滄滇溏溓滔滃溥溣艋豪閡陔郛霏僝福豪
火	熇熅熀熔煽熄暝脾俯膝滕輡輑輕輔馹馺嫚嫜褌裧褙寧僭僚幛彰陋慇愿愬熒
土	墔墉墐墈嶁嶇嶍磁碩瑙瑗瑋瑀瑢瑞瑍斑琶琵琴端墅愧愷靺縸獃緇綾裬僖僥
	鋮銈銡鉞鉾銖鉣銖鉥銙銓銧銤銇鍬銪鋂暢酵酴酥
	榳槂榥榪榗榎槐榴榬榿榛榞槍稍菰菖萌菼萸菎著菲菫莎狄箐筋筵喏婼
	清溢溽滉溍滏滓漆溱滐滙溼溧溜溰湟湋滂涖潮溯詩
	煌晴勝輇緂綽緄緒綿綾綸綩綬綺綰維緋綱綵綝綪禗榮犖暟睽睡
	墀墁境墇嶂磋碍琿瑄瑚瑜愷嶄嫳塵壢廙匯
	僑像僕情愫慆愷惶慎慊稫種搖損搦搏搬褉禎禕幗猿獅犒誡誥誦誌誏喻旖旗嫗嫡
	嫪媏嫌嫣嫙娜蜜察寬實賓對廖與黎聚詔裳貌賑數散歉歌郗郜郡颯翟逑造速綮緊
	兢嘗團圖爾監疏齊鼻幣罰熙舞

十五劃

金	木	水	火	土	
銳鋅鋤鋒鉛鋪鋇銲鉉鋏銻鋁鋦鋀鋃鋝鋙鋨鋘鋯錄鋎鋉鋞鋑鋓鋡醃醅醉醄奭	樁樛楛槭樀槫樠槮槶槻槦樞標樣樓樅稹稼稽稻稿樅葡蒂葉葛葺葳葯萵萼葎	澟演漢漁漲滯滴滿漾漩滲漎漓漉漙漈漊滽漚漮魴魶魰魨郭霆雩睽穎頍	輝熯熰煸熝燈暲暷腰腦腸腹腩腱腳輘輬輤輪輥輗輟駒駘駙駏駖駋駗駛駔嘹	墝墦墣墥墫墱墠墟墡嶝嶢嶓嶠磑磄碾確瑭瑢瑤瑳瑱瑰瑣嬇嬏嬈嬉審廣廛摧	鋕銲鋰銷鋗鉽鋠鋍鋌醇醂醀酲 槱槿樍樘樗槾樈槽樟槨稽稷葵葥葛葶蒽萱敬萩萍募葷菠荷葫董萬惹範葦箱箔箠 篆逸逖閱糊 渃漳漕滸潙漸漫滘㶪漧滶漟漯滌震逵逖逞進郢諄窪 煐熼熛熞瑩輘緣緗緦槧 墩增嶒嶗嶙嶕瑪瑮瑢臻碧磔羯羰嶔儂儀獄 儉儈僾愉慪慵慷慣摑摘褑褅褘諏調諒論宜諍誕嬋嬌嬉嬁嬇嫶緍緷緮緩線緘締編 練緬緙緯緞緲魄皚蝦蝸蝙劇剿劍彈慶敵敷毆歎毅皺盤窮窯舖蝕衛賢質賞賣賦部 鴉院鞍鞏養廝豎韐翩頪踐踦嘝噴劈墨虒愈慮魯颳誓盡獎

十六劃

金	錝鋹銑鋷錤錡錪錮鋼錦鋸錚錐錢錠錛錣錸錧錈錸錧錏錼錎鋋鋺撳撙鏨諧遒
木	機橘橫橋橇樹樽橙橡樸榔橄樻橲橖樑穇穋積穆褫槡蓊蓎蒰蓑蒼蓁蓆蓉蒜蒿
水	潔澄濤潺澌激潰潑濊噴潰澒潬潏澐澶潤澌魺鮑鮎鮈儒學遊霓霏霎
火	燚燜燗燆燖熾燃燈燐燎嬨燏曊暻暲輳輹輯輎騈駮駣駧駱憬撚憮撫撮禓褌儘
土	墺壉壇嶮嶧嶬嶩嶰嶼磡磣磧碤瑛瑾璈璃瑽璀璇璆龍儔徼衡磬奮盧彊踾踹諯
	鍆錕錟錉錙錍錁錔錶錭錴錂錇錞錳鍺錫錯錩錋醒醍醑醐鍃 橞橔槈橈橦樴橯樾橪蓀蒔蓐蒸蒐蓄蒨筇篁篤曆廚 潼澆澾澔潓潦澇潽潧澋潪潠準潾潗澗漪澍潘潢澎潮鋈霖霍霂穌冀 燒燉熸熿燋燔曉曈曀暾膦燊熒縈熹駭駐駢輶輻輮縉繳繅縥緣諰曇憝 壈璋瑪𩭁諲磨耨糕 儕儤叡嘯噯嬛嬗嬙嬡諼縝縐縑縊縞縤縚縛縭鄉繁縏縣諷諫諱諶諮諤諴諺諦謀儋 擒撕撲憚憛憒憫憍憯憓褞褣褫踏蹄踴鄲鄘鄂鄣頻頭頤頲親勳默黔踶躃遂道違運 遑遇陰豫圜興舉瞞翮融羲瞥歙器戰整龜窺蝗聯麭餐

十七劃

金	鍖鍼鍗鍏鍞鍤鍞鍔鍧鋾鍵鎡鍋鎪鍰鎂鍭鍍鍛鍜鍥鍬鍊鍤鍘醣醡醨鍪
木	檇樥檁檟檐橚檄樃榔檢檣檀檚槌檥櫛葻檅黃蔍蓰菜蔚蓮蔣蔔蓴蔘蔬蓼簂簇
水	激濃澱鴻澠濇澳潞濂澹澒澴澭濾濎濊澬澪澰遜遘霞霧鮫鮦鮡鮥鮢毆毈孺
火	熽燱燠燦燭爔燰燬燴燭熲曙曖曦膝騁駺駴駷駸駧駻騃駿轀輾陽隄憶應懇聰
土	壕磴磾磺磯礂磻礄磽璞璜璘璚璣璐嶺嶽壑獬懌擇擂隆隈隅陶禧螳螺豁谿趨
	鍾鍇鍺鍷鍡鍉鍑鍟鍒鍹鍕鍻鍱鎃甓 檡檉檍檑橿檜模橞橦橈樵蔓蔦蔊蓿慕暮蒲蒞蒗蒤蕧蓔蔑蒸懋簣箭檗罾罿罷遞 澤澼澡濋澯澥澮澣瀄澺澸滑溢潤澧鮀鮪鮮鮭鮚霙霜霈霐宵嬬 燡燥暱暯膗轃轅駩駾騂騄糈韐醟憵縵繽嬅繟皤辥爵 壖壎嶸磼礁磽環璔轂儲羭繇罄牆遠遛遙 優償儌擒擁撿擅擔憸懊隃隬隊階郥鄔糟禪褶禨襁講謙謝謓謅謏謚謠諻嬭嬪緰總 績縴繀縱繈縿謬縷縲縩縮縹館餞瞵瞪瞰瞬購賺賽蹇贅螯韓韔齋襄嚎噎歟斂闇闊 闌闈擊頹氈獨瞥矯翳聳臨跡鄉爺鬐罹蹈彌鞫鴳禦縻龠懕懃黛黜點黝勵厲虧膚

十八劃

金	鎖鎮鎌鎗鎔鎘鎊鎛鎬鎵鎢鎰醪醥醧醫醬覆雞竅蹈鞦癖皦
木	檻櫂櫅檬檷櫃檳穠穡穢糧蕢蕈蕬蕢蕎蕆蕃蕨蕁簷簣簞簧簠簰簦簨褡諾鵓髁
水	濠闊濕濡濟澤濱澶澀濮濩濫濬濔適違鯌魠鯀鯆懦擩竄鄠鵝鼫
火	爁膳膴膩膝膦駢騑騋騎騏騙轆轇轉輸顛撤擰獰嬣鞨鞮鞘繒繐織繚韙題違蹧
土	壙擤擣懤環璦璫璐璵璩蟥蟠蟢蟯謹蹟蹕翹謦釐闉旛嬏繙壘艟贄覲鄞隗顒顓
	鎦鎧鎷鍠鍚鎴錆錆銷錵鎣鎣鏊 檭槤檮檯櫂檸檽穠糧蕪蕄蕧蕙蕊蕉蔦蕞蕈蕘蕫蕔蕤蕃蒴蕺蕓蔀簡簪馥闊廓 濰濲濤澣澈潲濴漣濜濦瀑濝濞濯濘鴻鯁鯉鯀霟霘霤颵颳 燦爆燾燻燼燿曜曛膨膰膵膮轉雛隍諭謂諝靛靜 璪璨璯環瑯礌礎璧繞嬗 儭懥懠擱擬擠擦擯禮襏襆獮獯踰蹡蹤蹢蹄蹻蹣蟬蟪謬謫謳歸瞿瞼瞻蟲聶豐闔闐 闕闒屩癜雛雜戳覷貙甓瞥軀鬈瞶鵠斷歟翱鄙鄘鄜隕隘隔顏額顎夔觴黠嚕肅黟魏 縈織繕繙繢繑繐邀遭遮適雙叢鞭韃餱餿颼脾

十九劃

金	鏒鏤鏃鏂鏘鍛鏹鏮鏑鏢鏞醭醱醘鶊蹲遵鄭願辭瓣覈繳鏖鏧
木	櫟櫚櫞櫥穩穧薡蕗薁蘿蔆蕼薉薪蓂薔薙蕹薟薨蕻檞蕭薝簷簫簾簸鶇譯繹繰
水	瀉濺瀊鯨鯫鯕鯙鶉遴遺遹霧霩霪霨瀛穨穠龔
火	爊爕曠臆膽臉膿臄膾臓騝騑䮶騪騢騧駽鞹轎轔臀膺鵲㦗蠍譜識譙譖鄦鄫蹭
土	壚壢礙璸璿璾璻疇禱廬獸璽壟蟷璮懭獷擴擷甛餽鼩疆繮繹譆譊趫趬蹺蹯鄱
	鏔鏟鏗鏝鏡錨鏜鏍鏙鍾醰醮臂鎏 櫑櫝櫓穩薈蕾薛稜薑薙薇蕔薣薯薏嬦蕶薊懃檠蕩擎籀簰篳選懞糢 濱灤瀆瀘濾瀡瀞瀠鯊瀏瀋瀎濺瀂瀄瀅鯚鮭鯛鯪鯆鰡鯧鯤鯰霦雯 爌爅爍曞曠臃臊曄騥騤䡇繶繪繯繸繡魈 壜瑞璉壘遶遲陲殰犢魈壓勵 擻擄擾憤懂禰襜襛襖鄢鄯鄧鄲鄰際隙遼遵遷導蠉蟻蠊蟾蟺蹴蹻蹶蹼蹬譏譎證譚 瞫嚬嚥餼離難韜韞類顛覽麒贊覺勸癡簽繫翾翽瞉鬁麗艤氈鶓鏨獵蟹

廿劃

金	木	水	火	土	
鏻鐙鐏鏷鐍鐓鐨鐀鐖鐌醴醵醲瓣譬	櫀櫬櫪櫨薺薾舊藐藏薄藍籃簿纂礬譟懞糰糙	瀧瀕瀨還邂遽霪繻蠕襦蠔	犧曦曨臍臏轘轗轎騶騷騵懸黨贏餬饅聹鶻鶚騫	壤壞巉礦礫礪磧礸瓃瓊瑟瓏觸竇韉鐘璺礨隢墜攏嚚	鐠鐐鐔鐗鐎鐕鐒鐫鐣鐷鐃鐘鐇鐓醷醰醛 櫳釋薵葼藎薴薰藉薹藹藴蕑藪藜鬆薦蓮篷籀籍籔籌鄰羅謨獲 瀝瀑瀠瀿瀘濛濩濴過鰆鰒鰋鰓鰍鰈霢艦 爐燧曚爍臑臎鬖騮騺蠑縺懨遬 礫瓅瓂懲 嚴攖撻糯懞懷懶獺襤獻競覺觸闡闞嚷孃繼孀繽縫麵癢謙譫議躅嚶旟矍馨譈黥䮝 黨黧纁避邀鶩飄

廿一劃

金	鑞鐻鐶鐮鐲鏽鑯鍰鐱銅鎚辯闢
木	櫻櫸欄欃攙藝蕾万藥籙蠢饌蝶譁
水	瀰瀾瀲瀼瀹邃邈邇露霰霑禭
火	爝爙爛曞鵬騂驅驂驃驄韃轍轞轟鶯鶴騫轂顥鬘鬍鬋曩囀髏贐
土	瓏礱龐巋巍饒饎纉纊儺儸趯譸躊躍顧寶癥羸礞
	鐸鐺鐳鐿鐰醺醹檽穟穫矱藕藝蕢薾蕌藟薸羆瀸瀺灀濿鰭鰯鯖鰉霹驔驊騽騾鷙纍 儷攘擺殲譽邇獼囁蠡覽躇躋饋饑險隩隮鄹鷗黯纊纆魔譅屬蠟

廿二劃

金	鐵鑑鑇鑈鑌鑗鏾鐋鑠鏵鑏鏈鑒曔
木	權櫭穰懵藶蘊藺蔭蘄蘋薌勸蘅藩藿藹蘇藤蘆薹孽蘩薖蓬籚籟龢
水	灃瀛霽霰霾鰻鱈鰾鰷鰹鱆艨蠓
火	朧臚騰朦曜驎驓驔騲驕驍驐驏蠻響鷩鷉鷗嫿贏鬋
土	龔聾襲疊巔巒艫鄺韁礵礤礪瓔瓖攜讄譒讀窿襱
	籠籛灌轕轠轢躒躓躔蹦囊擿攝襯邊邁鬚贖顫懼懾纑鑪艫懿韣隬隮隱隰儻儼癬癭 彎孿鷙饃

廿三劃

金	鑛鑕鑯鑢鍱
木	欗欐欑欏蘿蘭蘘蘠蘀藻薳籖籜欒纔麟
水	灘灑灖瀟灃霸霩鱘鱔鱗韅
火	曬驗驌驛轣轤鷩讌戁體
土	巏壧巖
	鑥鑠蘚蘖鱒鬟顯纖纓戀曫黴儽麟攢攡襪蠛巕蠣糲聽

廿四劃

金	鑫鑨鑪鑘鑊鐩鐹釀
木	虆蘶籚攞欏歡羈闤蘳囈
水	灌靈靂靄鱧
火	爟驟贛驖驊
土	瓚礸隴
	矗衢韡鬢鷺讖讓豔酆釂

國家圖書館出版品預行編目資料

學習姓名學的第一本書／陳哲毅著.
－－第一版－－臺北市：知青頻道出版；
紅螞蟻圖書發行，2002 [民91]
面　公分－－(Easy Quick；22)
ISBN 978-957-659-310-9 (平裝附光碟片)

1.姓名學

293.3　　91015048

Easy Quick 22
學習姓名學的第一本書
作　　者／陳哲毅
發 行 人／賴秀珍
總 編 輯／何南輝
文字編輯／林宜潔
美術編輯／林美琪
出　　版／知青頻道出版有限公司
發　　行／紅螞蟻圖書有限公司
地　　址／台北市內湖區舊宗路二段121巷19號(紅螞蟻資訊大樓)
網　　站／www.e-redant.com
郵撥帳號／1604621-1　紅螞蟻圖書有限公司
電　　話／(02)2795-3656（代表號）
傳　　真／(02)2795-4100
登 記 證／局版北市業字第796號
法律顧問／許晏賓律師
印 刷 廠／卡樂彩色製版印刷有限公司
出版日期／2002年10月　第一版第一刷
　　　　　2019年 5 月　　第六刷（500本）

定價 280 元　港幣 94 元

ISBN 978-957-659-310-9　　Printed in Taiwan